Anke Mühlig

Minutenbunt

Fluch und Gnade
des *Großen Vergessens*

Gedichte Bilder Texte

nicolai

Mit fachkundiger Hilfe und geduldiger Unterstützung konnte aus einer minutenbunten Idee dieses einzigartige Gewebe aus Bildern, Texten und Gedichten entstehen.

Ich danke allen, die an *Minutenbunt* mitgewirkt haben, und ganz besonders Edith Meyer und Jochen, Lena, Lisa und Malte Mühlig.

Anke Mühlig
2014

nicolai *Der Hauptstadtverlag*

Lektorat: Andrea Schindelmeier
Herstellung: Christine Noack

Printed in the EU

ISBN 978-3-89479-846-8 (ohne CD)
ISBN 978-3-89479-855-0 (mit CD)

Inhalt

Der Prolog

Kommen Sie herein.
Sie sind herzlich willkommen in Helenes kleiner Wohnung am Rande der großen Stadt. Helene hat Tee gekocht. Auf ihrem Küchentisch stehen zwei Tassen. Eigentlich sind es zwei unterschiedliche Pötte, jeder hat seine eigene Geschichte, aber aus beiden dampft wärmend der Tee.

Daneben steht ein kleines Körbchen, gefüllt mit bunten Päckchen. Das Geschenk der Enkelin ist Helenes Begleiter durchs Jahr. Jedes der winzigen Bündel enthält ein Fundstück vom Strand: eine Scherbe, einen rundgewaschenen Stein, ein zu überraschender Leichtigkeit getrocknetes Hölzchen. Helene ist am Meer aufgewachsen. Sie hatte als Kind immer Sand unter den Fingernägeln und zwischen den Zehen. Wann immer sie später nach Hause fuhr, sammelten sich in ihren Taschen Schätze dieser Art. Nun lebt die Enkelin am Meer und findet für Helene. Jede dieser winzigen, wertlosen Kostbarkeiten ist umwickelt mit einer auf buntem Papier geschriebenen Frage, die Helene im Laufe des Jahres in einem blau eingebundenen Buch beantwortet. Es sind Fragen, für die man während der alltäglichen Betriebsamkeit in der Vergangenheit einfach keine Zeit hatte. Nun malen ihre Antworten ein schillerndes Lebensbild: Was geschah an deinem schönsten Geburtstag? Welches ist dein Lieblingslied? Welches Rezept kochst du gern? Helene füllt das Buch mit Erinnerungen.

Sie legt das Buch vor den Besucher und schlägt es auf. Ihre sorgsamen Bewegungen machen den Moment beinahe feierlich. Auf jeder Seite klebt oben die Frage der Woche, daneben das Fundstückchen. Darunter antwortet Helene in ihrer weichen, charakteristischen Schrift. Es finden sich Fotos und Postkarten, Kochrezepte und gepresste Gräser.

Helene wird auch Ihnen lebhaft Auskunft geben. Sie sucht das Gespräch mit allen, die die Dinge nicht einfach so nehmen, wie sie scheinen, mit denen, die hinterfragen und querdenken.

Helene ist 79 Jahre alt und hat ein vielfarbiges Leben hinter sich. Davon erzählt sie gerne: Helene hat vier Kinder großgezogen. Irgendwann wurde ihr die Ehe zu eng. Sie floh in ein selbstbestimmtes Leben.
Damals ist sie nach Mutlangen gefahren. Dort hat sie mit den anderen friedlich, aber bestimmt auf der Straße gesessen, um gegen die Pershing-II-Raketen zu protestieren. Sie hat eine Selbsthilfegruppe gegründet für Eltern, die ein Kind mit Behinderung haben und sich mit ihrem Kind nicht mehr verstecken wollen. Viel früher – das war bald nach dem Krieg – fuhr sie als Vertrauensstudentin zu einem internationalen Camp. Sie wünschte sich ein neues Miteinander. Helene war immer auf der Suche, immer gut informiert, immer bereit, ihren Finger in die Wunde zu legen.

Erzählend kann Helene ihre Zuhörer bannen. Wie mutig, diese Frau, die schwanger mit dem vierten Kind noch wenige Wochen vor der Entbindung darauf besteht, die Führerscheinprüfung abzulegen, obwohl der Fahrlehrer sie für verantwortungslos hält: »In Ihrem Zustand!«, sagt er vorwurfsvoll. In diesen Zeiten chauffierte der Mann. Aber Helene will beharrlich ihren Spielraum erweitern.

Nun hat sie ein letztes Stück ihres Lebensweges vor sich.

Da greift heimlich und unbemerkt das *Große Vergessen* nach Helenes wachem Geist.

Der Rückzug

Später werden sich ihre Kinder fragen: Wann hat es eigentlich begonnen, dass Helene eine andere wurde? Das *Große Vergessen* hat sich hereingeschlichen wie ein Dieb. Lange bevor es die Dinge versteckt, die Zeiger der Uhren verstellt und den Menschen ihre Namen geraubt hat, ist es eingezogen in Helenes Leben. Es huscht über den Flur, wenn keiner hinschaut, und lässt sie manchmal verzagt, manchmal befremdlich aggressiv zurück. Das *Große Vergessen* kommt leise. Es fällt leicht, es zu übersehen. Vielleicht möchte man es nicht wahrnehmen, schenkt unwillkürlich den Zeichen keine Beachtung und verwischt die Spuren?

Abwehrend zieht sich die Tochter von Helene zurück, der Mutter, die sie so nicht kennt. Alles wird zur Provokation, Helenes Rechthaberei, Helenes Forderungen.

Von den Enkeln, deren Späßchen Helene nicht mehr folgen kann, fühlt sie sich nun ausgelacht. Zunächst versucht sie, ihnen die Albernheiten einfach zu verbieten. Schließlich schlägt sie, in ihrer Verzweiflung, aus dieser Welt zu fallen, um sich. Da erscheinen auch die Enkel nicht mehr an Helenes Tisch.

Zwischen Ratlosigkeit und Stolz

Eines Sonntags ruft Helene die Tochter an: »Ich habe nichts zu essen im Haus.« Die Tochter lässt zu Hause alles stehen und liegen und bringt Proviant. Als sie Helenes Kühlschrank öffnet, um alles zu verwahren, purzeln ihr Brot und Tomaten entgegen. Der Kühlschrank ist voll. Stumm schluckt sie ihre Wut herunter. Der Mutter scheint jedes Mittel recht, sie herbeizuzitieren. Ihren Gedanken wachsen Igelstacheln. Sie will nicht verstehen, was sie erkennen könnte. Viel später einmal wird sie einen Satz lesen, den Arno Geiger schrieb, während er seinen Vater begleitete: »Wir schimpfen mit der Person und meinen die Krankheit.« Der Satz ruft in ihr die Erinnerung an jenen Sonntag noch einmal wach, und traurig bedauert sie ihren stummen Zorn auf Helene. Aber noch ist die Tochter nicht bereit.

Helene klagt über Kopfschmerzen. Häufig ist ihr schwindelig. Helene braucht viel Schlaf. Immerzu ist sie müde. Im Winter traut sie sich nicht mehr allein aus dem Haus. Einen Tag in der Woche reserviert die Tochter nun für Helene. Gemeinsam machen sie die nötigen Besorgungen.

Im Bioladen, im Schreibwarengeschäft, sogar am Blumenstand auf der Straße, überall stellt Helene mit Stolz in der Stimme die Tochter vor. Die Tochter horcht verwundert auf. Früher hat Helene kaum einen Moment verpasst, sich selbst zu inszenieren. Wenn die Tochter einmal einen kleinen Mittelpunkt erobert hatte, stellte sich Helene dazu und triumphierte: »Und *ich* bin die Mutter.« Die Tochter erinnert sich an Kindertage, in denen Helene sich selbstbewusst am Telefon meldete. Ihr Name kam einem Fanfarenstoß gleich, und der Tochter war es jedes Mal unangenehm. Damals stellte sie sich oft vor, wie der Gesprächspartner am anderen Ende der Leitung zusammenzucken müsse, wenn Helene einen Dialog forsch wie ein Gefecht eröffnete. Heute aber stellt Helene die Tochter vor und beginnt sich sacht, noch unsichtbar an deren Identität zu lehnen.

Kleine Sicherheiten

Helene mit ihrer lebenslangen Sehnsucht nach Autonomie gibt nun gerne Verantwortung ab. Die Schwestern der Sozialstation sortieren Helenes Tabletten in ein Wochenkästchen. Morgens kommen sie und helfen ihr in die engen Strümpfe.

Die Tochter findet, Helene könnte sich ein bisschen mehr anstrengen. Sie denkt: »Braucht sie wirklich jemanden, der ihr die Haare wäscht?« Aber Helene hat Angst zu stürzen und gibt ihre Selbstständigkeit leicht hin.

Helene sitzt im Schaukelstuhl an der offenen Balkontür und liest ihre Zeitung. Seit Jahren schneidet sie die für wichtig befundenen Artikel aus und schickt sie mit einer Notiz an die Kinder und Enkel. Sie möchte damit ein Gespräch eröffnen. Nun lässt sie alle Artikel, die sie verschicken will, vorher kopieren, damit sie noch einmal lesen kann, woran sie sich nicht mehr erinnern wird. Was für ein Aufwand, denkt die Tochter gereizt. Wir können ihr doch erzählen, was wir gelesen haben. Aber Helene möchte ein Gesprächspartner auf Augenhöhe sein. Die alte Empfindlichkeit gegen Bevormundung gedeiht zum unerträglichen Bestreben, die Zügel nicht aus der Hand zu geben.

Zwei Realitäten

Für die Tochter steht das Bedürfnis, Hilfe einzufordern und Verantwortung abzugeben, im Widerspruch zu Helenes Anspruch, das Regiment zu führen. Sie findet beides nebeneinander nicht mehr glaubwürdig und fühlt sich getäuscht. Was ist hier echt: die Bedürftigkeit oder der Machtanspruch? Steht sie Helene zu nah, um das verzweifelte Bemühen zu erkennen, das sich dahinter versteckt?

Gleichzeitig wechseln sich auch in der Tochter unterschiedliche Gefühle ab: Da ist einerseits der Ärger über Helenes unberechenbaren Zick-Zack-Kurs und andererseits das warme Bedürfnis, die Mutter zu beschützen. Aber wovor? Das *Große Vergessen* ist so unsichtbar, so undenkbar für diese Helene, dass keiner den Gedanken daran wagt.

Ungeduldig versucht die Tochter der Mutter *ihre* Realität zu erklären. Argwöhnisch verbittet sich Helene die Bevormundung. Helene kauft teure Schuhe. Die Tochter erklärt ihr, dass das Geld bis zum Monatsende, letztlich bis zum Lebensende reichen muss. Helene verbittet sich die Einmischung. Und verlängert das Theaterabonnement. Als der Termin heranrückt, kann sie nicht ins Theater gehen, weil ihr schwindelig ist. Die Tochter schlägt vor: »Lass uns ins Theater gehen, wenn wir spontan dazu Lust haben.« »Ich hatte immer ein Abonnement«, erwidert Helene. Mutter und Tochter ringen um ihre Rollen.

Es wird immer schwerer, Erklärungen zu finden für wunderliches Verhalten, das gar nicht zu Helene passt. Sie, die Kinder so sehr geliebt hat, bekommt Streit mit den Nachbarn. Die Spiele der Kinder im Hof sind zu laut und stören sie. Als Helene und die Tochter auf dem Balkon ihren Tee trinken und den Kindern beim Spielen zuschauen, wirft die Tochter ein: »Das hat dich doch früher nicht gestört.« Helene fühlt sich nicht verstanden und beginnt hilflos zu argumentieren. Ihr fehlen die Worte. Sie weiß wohl selbst nicht, warum sie so empfindlich geworden ist. Das macht sie unsicher. Der Tochter ist das Verhalten der zänkischen Alten peinlich. Das ist doch nicht Helene.

Das Wort

Rückblickend finden sich seit Jahren Mosaiksteinchen, die zusammengelegt das eine Wort buchstabieren: Demenz. Wie konnte diese Vokabel so lange ignoriert werden?

Die Tochter denkt darüber nach, warum nie eines der Geschwister, einer der Betreuer oder der Arzt diesen Begriff ins Spiel gebracht hat. Hat sie ihn nicht hören wollen? Die Angst vor dem, was Helene verändert, wird immer größer und lauert wie ein sprungbereites Tier. Helene und die Tochter stellen sich blind und taub, als könne man den Zustand verbergen, indem man ihn nicht benennt.

Wer traut sich als Erster, der vagen Ahnung in die Augen zu schauen? Wer spricht es aus, das verbrannte Wort?

Vielleicht weiß Helene längst? Helenes Mutter, die vergessliche Großmutti genannt, war vermutlich in ihren letzten Lebensjahren auch dement. Gab es damals das Wort noch nicht, das jetzt alle kennen und doch so gerne verschweigen? Dabei hallt es doch heute von allen Wänden: Demenz – in der Zeitung, im Radio, im Fernsehen, überall begegnet es der Tochter. Aber mit Helene und ihr darf es nichts zu tun haben.

Die Tochter beschließt, diesem Angst speienden Raubtier den Begriff *Vergessen* zu geben, das *Große Vergessen* möchte sie es nennen. Damit bleibt ihr die Möglichkeit, selbst zu entdecken, was es bedeutet, für Helene und für sie selbst, die Tochter. Dieser Ausbruch aus einem vorgefertigten Bild, einem definierten Krankheits-Bild, macht das Geschehen für die Tochter individuell – und in seiner Subjektivität erträglich. Nebenbei bleibt dabei Raum für die vage Hoffnung, es möge anders kommen, als man fürchtet.

Die Bruchstücke

Aber zunächst fragt sich die Tochter in aller Stille: Was bedeutet es, ins *Große Vergessen* zu gleiten? Sie beobachtet.

Helene verliert die Orientierung im eigenen, verblassenden Leben. Aus Erinnerungsfragmenten setzt sie sich ihre Welt zusammen wie in einem Puzzle. Helene balanciert auf Bruchstücken. Sie versucht, ins Gedächtnis zu rufen, und erhält von dort keine Antwort. Oft greift sie nach Worten, als seien sie aus Sand, der zwischen ihren Fingern zerrinnt.

Ganz pragmatisch muss nun geklärt werden, wie lange Helene noch in ihrer Wohnung alleine leben kann. Neulich hat sie die Thermoskanne aus Kunststoff auf die heiße Herdplatte gestellt. Nur mit Glück wurde ein Feuer verhindert. Manchmal weiß sie nicht mehr, wie man das Telefon bedient, und kann sich keine Hilfe holen. Plötzlich ist der Weg vom Bett zum Bad eine unüberwindliche Hürde. Aber der eilig herbeigeschaffte Rollator steht immer nur im Weg. Helene kann sich nicht entsinnen, wofür er gedacht war. Mitunter vergisst sie, die zurechtgelegten Tabletten zu nehmen. Dann gerät auch ihr Körper durcheinander, und niemand versteht so recht, warum.

Immer wieder beschäftigt die Tochter die Frage, welche Helene ist denn nun die echte: Die Unsichere, Verängstigte, Orientierungslose, die dankbar ihren Arm unter den der Tochter schiebt und sich gerne mitnehmen und führen lässt? Oder die Fordernde, Vorwurfsvolle, Besitzergreifende, die der Tochter kaum Spielraum für das eigene Leben zugesteht? »Ich brauche dich *jetzt*!«, sagt Helene mit Nachdruck, und das klingt in den Ohren der Tochter wie ein Befehl.

An manchen Tagen erinnert sich Helene an alles, was die Tochter gestern erzählt hat, sie fragt anteilnehmend und möchte aus eigenen Erfahrungen Rat geben. Und schon am nächsten Tag ruft Helene alle halben Stunden an: »Hier ist deine Tochter«, sagt sie resolut und erzählt dann immer wieder aufgebracht das Gleiche. Der Tochter unterstellt sie Lieblosigkeit, weil die nun wirklich an ihre Arbeit zurückmuss. Oder sie springt in ihren Erzählungen durch Zeit und Raum, sodass die Tochter den roten Faden verliert und nicht mehr weiß, worauf Helene nun eigentlich hinauswill. »Ich kann dir nicht folgen«, wirft sie schließlich ungeduldig dazwischen. »Das sollst du nicht sagen«, verbietet Helene entschieden.

In diesem Moment spürt die Tochter Helenes Einsamkeit. Sprache ist nicht mehr der Steg, über den sie zueinandergelangen können. Helenes Gedanken versiegen wie Wasser im Sand.

Die Brücke

Einmal umschreibt Helene es mit einem Bild: »Du bist meine Brücke, die mich erinnert ...«

Die Tochter begreift: Ich bin Helenes Brücke in die Welt.

Macht sie das bereit?

Sie findet eine Einladung zu einer Informationsveranstaltung der Alzheimer Gesellschaft. Ein paar Tage überlegt sie, ob sie dafür Zeit hat. Als wolle sie sich selbst überrumpeln, fährt sie in letzter Minute hin. Zurückgekehrt zieht sie die Broschüre aus der Tasche und findet Telefonnummer und Adresse der Beratungsstelle. Ratsuchend nimmt die Tochter den Kontakt auf. Während sie Helenes Probleme beschreibt, kämpft sie mit den Tränen. Sie hört sich selbst bei der Schilderung zu und erkennt die eigene, hilflose Blindheit.

Als habe ihr jemand einen Schleier von Augen und Ohren gezogen, beginnt sie zu sehen, zu hören, zu verstehen.

Die Tochter findet es nun hilfreich, von anderen Betroffenen zu hören, und sucht den Kontakt. Sie sammelt Zeitungsartikel, verfolgt Radiodiskussionen, besucht Informationsveranstaltungen und profitiert von den Einsichten anderer.
Die Gespräche in einer Selbsthilfegruppe lösen die Isolation des Geschehens wenigsten zeitweise auf. Es ist heilsam, sich nicht alleine zu fühlen. Es ist wichtig zu wissen, was auf Helene und alle, die sie begleiten, zukommen kann.

Der Zusammenhalt

Endlich finden die Geschwister zu einem Gespräch: Die Aufgaben, vor die Helene ihre Kinder stellt, werden verteilt. Alle paar Wochen sitzen drei von ihnen um einen Tisch. Der vierte, in der Ferne, beteiligt sich telefonisch an der Beratung. Sie erzählen sich, was sie mit Helene erleben. Gemeinsam begreifen sie, dass die Mutter in ihrer Verzweiflung jeden einzelnen von ihnen gleichzeitig umklammert und wegstößt. Aber meint sie ihre Kinder? In einem jähen Aufbäumen stemmt sie sich gegen das *Große Vergessen* und versucht beharrlich, im gewohnten Leben standzuhalten.

Wenn sich einer von ihnen zur Verabredung mit Helene um eine Viertelstunde verspätet, finden sie Helene außer sich vor. »Ich habe im Stau gesteckt«, versuchen sie zu beruhigen. Aber Helene schimpft: »Wenn du hier nicht erscheinen willst, dann komm doch nicht! Ich warte seit Stunden auf dich.« »Ach, Helene, da draußen wogt das Leben.« Helenes Kinder versuchen Verständnis für ihren Alltag zu erringen und merken dabei nicht, dass hier drinnen der Alltag längst überflutet ist, unterspült von Orientierungslosigkeit. Helene hält sich mühsam an der Oberfläche und fürchtet insgeheim, sich wieder einmal im Tag getäuscht zu haben. Das Gezeter ist ein hoffnungsloser Versuch, dem *Großen Vergessen* zu entfliehen.

Manchmal uberkommt die Kinder auch Zorn: Warum schleicht sich Helene aus ihrem Leben? Sie kann nicht mehr anders. Helene hat keine Wahl.

Es hilft, die Traurigkeit darüber zu teilen.

Die Suche

Nicht immer ist es leicht, einen gemeinsamen Konsens zu finden. Soll Helene die vom Neurologen verschriebenen Tabletten bekommen? Oder wird sie damit endgültig fremdbestimmt, entwurzelt? Müssen die Kinder Helenes Individualität vor routinemäßigem Eingreifen behüten? Wo kann sie wohnen und doch Helene bleiben?

Die Töchter besuchen gemeinsam Wohnheime, sprechen mit Angestellten und beobachten verstohlen die Bewohner. Erschrocken tauschen sie Blicke: »Hier passt Helene doch nicht her!« Manchmal versuchen sie, sich Mut zu machen: »Das klingt doch ganz nett, findest du nicht?«

Und schließlich hören sie von einer Wohngemeinschaft ganz in der Nähe. In das freie Zimmer flutet die Sommersonne. Eine Katze streicht um ihre Beine.

Erst gestern hat Helene verzweifelt bei der Tochter angerufen: »Ich kann nicht mehr. Ich nehme mir jetzt ein Taxi und komme zu dir …«

Letztens haben sie es für ein paar Tage versucht. Helene irrte verloren durch die Wohnung der Tochter und suchte ständig ihre Nähe. Kaum konnte die Tochter die geplanten Aufgaben erledigen, schon hatte Helene wieder eine Frage oder brauchte Hilfe.

Die Tochter fühlt sich in ihrer Unabhängigkeit bedroht. Wenn sie Helene nun endgültig zu sich holt, kann sie nicht mehr arbeiten.

Es muss eine Entscheidung gefällt werden.

Die Probe

Helene darf ein paar Tage zur Probe in der Wohngemeinschaft wohnen. Es gibt ihre Lieblingsspeise. Am Sonntag sitzt Helene vorm Fernseher und verfolgt den Presseklub. Auf dem bereitgelegten Klemmbrett notiert sie sich Stichworte. Wie zu Hause. Die Betreuerin bemüht sich nach Kräften, es Helene leicht zu machen. Helene sitzt im Garten, wenn die Tochter kommt. Sie wirkt so erleichtert, dass sie sich einmal anlehnen darf.

Aber sie muss sich auch einfügen, sie, die so viele Jahre in ihrer Wohnung alleine regiert hat. Schon bald darf sie nicht mehr in die Küche. Es ist gefährlich für alle, wenn sie den Herd vergisst. Helene will sich nicht reglementieren lassen. Helene möchte wieder nach Hause. Sie packt ihre Tasche und lässt sich abholen. Helene und die Tochter fahren in die Straße mit dem buckligem Kopfsteinpflaster und den knorrigen Rotdornbüschen, die Helene an den Ort ihrer Kindheit erinnert.

Zu Hause schlüpft sie sofort in ihr Bett. »Ich dachte, wir gießen die Blumen und schauen mal nach dem Rechten«, versucht die Tochter zu intervenieren. »Ich bleibe hier!«, antwortet Helene. Sie braucht noch Zeit, um vom Leben in ihrer Wohnung Abschied zu nehmen.

Bald gerät alles wieder in den düsteren Strudel. Helene spürt es wohl, aber die Tochter spricht es aus: »Es geht nicht mehr.« Die Tochter kämpft mit dem schlechten Gewissen. In der Familienkonferenz sagt Helene leise: »Dann müsst ihr jetzt für mich entscheiden.«

Der Aufbruch

Mit sanfter Geduld beginnt der Sohn, Helene beim Packen zu helfen: Zuerst Helenes Bücher, Kiste um Kiste. Jedes Buch, das sie zur Hand nimmt, hat seine Geschichte. Als die Bücher eingepackt sind, kann Helene loslassen. Kinder und Enkel bringen ein paar Möbel und ihre Kleider in die Wohngemeinschaft. Die meisten Bücher finden dort keinen Platz. Eilig, zu eilig, findet die Tochter, wird die Wohnung leer geräumt. Natürlich, sie kostet Geld. Nun gibt es kein Zurück mehr.

In den kommenden Wochen wird Helene immer wieder ihren Rucksack packen. Wenn die Tochter sie zu einem Ausflug abholt oder der Schwiegersohn ihr abends die Zeitung bringt, werden sie von Helene erwartet. »Ich kündige hier«, schimpft sie, »das könnt ihr nicht mit mir machen.« Die Tochter kämpft mit den Tränen, und ihr Herz gerät aus dem Takt. »Helene, dies ist nun dein Zuhause«, sagt sie sanft. Aber Helene will sich nicht besänftigen lassen. Helene kämpft um ihre Autonomie.

Nachts steht sie auf, zieht sich an und macht sich auf den Weg. Auf der Treppe fängt die Betreuerin Helene ab. Am nächsten Tag erzählt sie der Tochter, was in der Nacht passiert ist. Die Tochter spürt einen Vorwurf und fühlt sich schuldig. Schuldig, Helene hierhergebracht zu haben, schuldig, dass die Betreuerin eine unruhige Nacht hatte, während sie selbst ungestört schlafen durfte. Sie möchte Helene verteidigen, aber es verlässt sie der Mut. Sie möchte Helene erklären, dass sie nicht weglaufen darf, aber es fehlen die Worte, die Helene erreichen könnten.

Die Briefe

Die Tochter schreibt mit Helene Briefe an alte Freunde. Sie sollen wissen, wo Helene nun wohnt. Helene bekommt viel Post. Weil sie vergessen hat, dass sie diesen Brief schon gestern geöffnet und gelesen hatte, ist er heute neu und die Freude noch einmal groß. Die Tochter wechselt einen Blick mit der Betreuerin und denkt, ja, unsere Freude ist so kurzlebig. Helene hat recht. Warum diese eilige Freude, die immer aus ist auf Mehr und Neues?

Helene möchte die Briefe beantworten. Dabei gerät alles durcheinander. Sie schickt den Brief der Cousine an eine Freundin, kommentiert die Zeilen des Sohnes auf seinem Schreiben und sendet es an die Enkelin. Ins Adressfeld schreibt sie ihren Absender. Die charakteristischen, weichen Bögen ihrer Schrift wirken sonderlich verzerrt, als habe jemand ihre Hand festgehalten beim Schreiben. Schließlich kommen immer weniger Briefe. Helenes Kontakt zur Außenwelt wird brüchig. Nur wenigen Freundinnen gelingt es, sich der alten Helene hinter dieser Verwirrung zu erinnern.

In der Tochter reift eine Idee.

Helene, die ihre Briefe jeden Tag liest, als wären sie gerade angekommen, setzt Alt und Neu außer Kraft. Helene, die ihre Uhr verkehrt herum ans Handgelenk bindet, hebt die Zeit aus den Angeln. Helene, die nach jedem Nickerchen den Tag neu beginnt, kreiert Anfänge ohne Ende.

Wie könnte man davon erzählen? Wie könnte man sogar erfahrbar machen, was es bedeutet, nicht mehr sicher zu sein, was vorher oder nachher, was vorne und was hinten ist?

Die Tochter denkt an ein Buch mit zwei identischen Vorderseiten. Wer es in die Hand nimmt, wird sich fragen, ob er einen Fehldruck erworben hat, weil er sich der Ordnung seiner Welt noch sicher ist. Wer darin liest, wird begreifen, wie relativ unsere Ordnungen sind.

Die Wende

Eines Tages bemerkt die Tochter eine unerwartete Veränderung: Helene lässt geschehen, was geschieht.

Sie hat aufgehört zu kämpfen. Etwas ist einfach verschwunden, das zu Helene gehörte, wie die Farbe ihrer Augen, ihre gepflegte, weiche Haut, ihr leuchtend weißes Haar, mit dem sie seit Jahrzehnten überall auffiel. Helenes unermüdlicher Kampfgeist ist erloschen.

Helene billigt, was ihr widerfährt. Vielleicht arrangiert sie sich? Vielleicht akzeptiert sie es? Vielleicht hat sie resigniert? Vielleicht hat sie nun vergessen, dass sie immer gesagt hat: »Lass dir nichts gefallen. Du musst kämpfen, Kind.«

Die Tochter fürchtet, dieser Frieden sei ein Geschenk der Pharmaindustrie. Oder ist er ein Geschenk der Krankheit?

Alle nehmen die Veränderung dankbar an.

Der Augenblick

Helene ist angekommen im Augenblick. Nur dort kann man sie antreffen. Von Helene kann man nun lernen, den Moment zu leben, in einer Tiefe und Intensität, wie es im hektischen Alltag sonst selten gelingt.

Helene spürt das Ungesagte. Und Helene kann hinter Fassaden blicken: »Die Weichheit dieses Mannes möchte ich hinüberretten«, sagt sie einmal. »Wen meinst du«, fragt die Tochter verblüfft. »Na, Reinhold«, erwidert Helene. Mit großer Selbstverständlichkeit spricht sie von ihrem geschiedenen Mann, der Jahrzehnte ins Abseits verbannt war. »Hinter dem Harten von damals ist etwas Weiches«, beharrt sie und verblüfft ihre Tochter.

Helene ist in neuer Innigkeit mit all jenen verbunden, die sie umgeben. Alte Vorwürfe sind verblasst, sogar alte Beschuldigungen hat das Vergessen gefressen.

Sensibel reagiert Helene auf jede Ablenkung, auch auf die heimliche Eile der Tochter. Da begreift die Tochter, es ist nicht mehr wichtig, was sie gerade gemacht hat oder was nachher noch zu erledigen ist. Alles, was zählt, ist der Augenblick.

Die Zeit steht still. Die Nähe pulsiert. Gemeinsam lachen, gemeinsam innehalten, gemeinsam entdecken, gemeinsam genießen, was gerade passiert. Die kleine Weile miteinander wird zur zauberhaften Kostbarkeit, wenn die Tochter sich auf Helene einlassen kann.

Helene ist manchmal traurig, dass sie nun nichts mehr zu geben habe, aber die Tochter ist überwältigt von dieser unsichtbaren Gabe:

Jetzt-sein, ganz.

Mit Dankbarkeit

Nichts könnte wertvoller sein als Helenes Strahlen und die Worte zum Abschied am Abend: »Das vergess ich dir nie!«

Im nächsten Augenblick wird sie vergessen haben, was sie heute erlebt hat, und nicht nur einmal wird sie sich bei der Betreuerin bitter beklagen, dass die Tochter nie erscheint.

Aber für den Moment wird die Nähe zueinander so wertvoll, so ehrlich empfunden sein, dass alles andere dagegen verstummt. So lange haben alle in mutloser Angst die befürchteten Einschränkungen verdrängt. Nun wird gerade das Unvermögen zum Gewinn.

Der Tochter kommt ein Song von Leonard Cohen in den Sinn:
There is a hole in everything. That's how the light comes in.
Sie muss lächeln. Tränen laufen ihr über die Wangen. Sie ist dankbar.

Weil Helenes alltägliche Versorgung geregelt ist, weil sie gewaschen, gewindelt und bekocht wird, ihre Tabletten bekommt und die frische Wäsche in den Schrank gelegt wird, dürfen Helene und die Tochter die gemeinsame Zeit einfach genießen. Zusammen fahren sie ins Kino und schauen sich Filme für Kinder an. Sie lachen und erklären sich gegenseitig, was sie gesehen haben. Sie besuchen das kleine Café, und Helene bestellt ein riesiges Stück Sahnetorte. Sie lernen sogar, unterwegs in winzigen Toiletten zurechtzukommen und dabei nicht den Humor zu verlieren.

Auf der Rückfahrt singen sie »Hab mein Wagen vollgeladen«. Die Tochter fühlt die familiäre Geborgenheit aus Kindertagen, als Vater und Mutter den im Fond schlafenden Kindern die Autoreisen zweistimmig singend verkürzten. Ja, Helene erinnert sich an die zweite Stimme, natürlich. Für einen Moment ist alles wie damals.

Ohne Halt

Kaum merklich werden die Ausflüge kürzer, die Möglichkeiten begrenzter. Helene ermüdet schneller. Es fällt ihr schwer, ins Auto zu steigen.

Neulich sind Helene und die Tochter bei Eis und Schnee ins Straucheln geraten. Mitten auf der Kreuzung ist Helene ausgerutscht. Die Tochter konnte sie nicht wieder auf die Beine stellen. Zum Glück ist eine Autofahrerin ausgestiegen und hat zugepackt.

»Wir müssen warten, bis es wieder Frühling wird«, tröstet die Tochter. Aber da kann Helene keine Treppen mehr steigen. Helene krabbelt auf allen vieren zur Wohnungstür der Tochter. Beide lachen, um nicht zu weinen.

Die Bilder

In diesen Monaten sitzt die Tochter abends am Schreibtisch und versucht festzuhalten, was so schwer einzufangen ist. Sie schreibt das Erlebte auf und sucht dabei nach Helenes Perspektive.

In ihrem Atelier erfindet sie Bilder, die das Geschehen veranschaulichen. So entsteht eine erste Collage aus handgeschöpften und gesammelten Papieren. Helenes Wohnung war übersät mit Zetteln, die erinnern sollten – ein Gedächtnis aus Papier. Die Merkzettel, ein Schutzwall gegen das Vergessen, sehen aus wie eine papierene Mauer, und nur wer nah herantritt, erkennt Buchstaben aus winzigen Löchern. Der perforierte Text ist kaum zu sehen, flüchtig, wie Helenes Erinnerungen.

Dann entwirft die Tochter ein Bild für den Tag, als das vermiedene Wort zum ersten Mal ausgesprochen wurde. Damals hob Helene abwehrend die Arme vors Gesicht. Noch war sie nicht bereit, sich zu stellen. Die Tochter näht eine Wand aus Händen, Händen, die zurückweisen, den Mund zuhalten, Gesten, die verbieten. Die Tochter färbt Filz, blutrot, aggressiv und schneidet die Buchstaben des Wortes aus. Der Begriff schiebt sich ins Bild, kriecht durch die Wand. Als die aus Tuch geformten Hände mit feinen Stichen modelliert werden, ist Helene dabei. Die Tochter erzählt ihr, was sie vorhat. Helene staunt. In ihrer Verwunderung erinnert sie die Tochter an ein Kind, das zum ersten Mal wahrnimmt, wenn zwei sich in einer fremden Sprache verständigen. Mit Helene hat das alles nichts zu tun.

Die Tochter formt Helenes Hände aus Stoff, die abwehren. Sie stickt Helenes Hände, die geben. Schließlich legt sie die farbigen Stoffhände ineinander, wie Helene die ruhenden Hände in den Schoß legt, annehmend.

Die Tochter bemalt Stoffbahnen, schneidet Uhrenziffern und -zeiger aus, verwendet Kalenderblätter, Zeitungen, Fotos und Noten, befestigt Seidenkokons und Perlen.

Sie stickt Helenes Silhouette über die ihrer Kinder und näht die transparenten Stoffe in Schichten übereinander, als könne man Biografien verschmelzen.

Die Taschen

In Helenes Umzugskartons findet die Tochter das Brautkleid. Ja, sie erinnert sich an die Geschichte, die Helene dazu früher einmal erzählt hat. Helenes Vater tauschte Getreide für Fallschirmseide.

Das weiße Kleid hat Helene begleitet, auch nachdem sie ihren Mann längst verlassen hat. Es ist ein Relikt aus hoffnungsvollen Zeiten.

Die Tochter näht aus der Seide kleine Taschen auf einen groben, uralten Getreidesack. Die Taschen sind fein säuberlich zugeknöpft, als wollten sie bewahren, was in ihnen aufgehoben ist. Aber die untere Naht ist offen. Alles, was in diesen Taschen gesammelt wird, fällt heraus, geht verloren.

Das Fahrrad

Helene, mit ihrem klaren, kräftigen Sopran, hat immer gern gesungen. Nun flicht die Tochter Fragmente von Notenblättern in eins der Bilder. Darüber schaukeln Noten wie kleine Schiffchen über den Stoff. Ihre schwarzen Körper sind ausgeschnitten aus Fahrradschlauch.

Zurückdenkend sieht die Tochter Helene damals auf ihrem Rad fahren. Helene fuhr mit einem Kind vorne, einem hinten, die Einkaufstaschen schaukelten am Lenker. Helene saß mit ihrem Rucksack auf dem Rad. Sie fuhr durch die große Stadt und hievte das Rad in die S-Bahn. Sie fuhr auf dem Deich am Meer. Helene war immerzu mit dem Rad unterwegs.

Einmal stürzte Helene, weil ihr jemand vors Rad gesprungen war. Früher wäre sie wieder aufgestiegen und schimpfend oder lachend weitergefahren. Diesmal rappelte sie sich auf und schob ihr Rad nach Hause.

Helene, der nun oft schwindelig wurde, hatte Angst, wieder aufs Rad zu steigen. Helenes Rad stand seitdem angeschlossen und mit staubigem Sattel im Hausflur. »Wenn ich erst wieder Rad fahre …«, sagte Helene zuversichtlich zu den Kindern. Und die überlegten, ob sie für Helene ein Dreirad kaufen sollten, als könnte man sich so einfach gegen die Entwicklung stemmen. Mit liebevollem Eifer organisierte der Sohn eine Probefahrt. Doch auch auf drei Rädern war Helenes Unsicherheit nicht zu balancieren.

Es ist schwer zu akzeptieren, dass etwas, was immer ging, nicht mehr möglich ist.

Aber Helene singt noch. Bis fast zum letzten Tag wird sie singen. Beginnt jemand zu summen, so wird Helene einstimmen.

Der Schal

Für ein anderes Bild verwendet die Tochter den blauen Schal der Mutter, der früher der vergesslichen Großmutti gehört hat. Lange schmiegt die Tochter ihre Nase hinein. Der Schal hat den Duft von Helene bewahrt, als sie noch Helene war. Ist sie jetzt nicht mehr Helene? Die Tochter sucht nach der alten Helene in der neuen. Und findet in der neuen so vieles, was sie liebt, so vieles, was sie beide verbindet. Ist ihre Nähe zu Helene nicht viel unmittelbarer geworden? Helene scheint zu spüren, was die Tochter umtreibt. Obwohl sie es oft nicht mehr in Worte zu fassen vermag, gibt es eine stillschweigende Vertrautheit. Helene zieht sich zurück und kommt dabei immer näher. Das ist nicht logisch, denkt die Tochter und schiebt den Gedanken beiseite. Nein, es ist nicht erklärbar, aber die negative Aura des *Großen Vergessens* wird kraftloser.

Ein Fetzchen vom blauen Schal wird zum Zentrum einer textilen Spirale, die an die Windungen eines Schneckenhauses erinnert. Ja, könnte man sein Zuhause einfach immer bei sich haben, wie eine Schnecke, denkt die Tochter. Helene sucht so oft nach diesem Gefühl von vertrauter Geborgenheit, nach ihrem Zuhause.

Die Bilder der Tochter sind so vielgestaltig wie Helenes Leben: Schwarz-weiß, expressiv bunt, fragil und durchbrochen oder aus mehreren Lagen Stoff aufgebaut. Das Einzige, was sie verbindet, ist ihr einheitliches Format. Lang und schmal füllen sie eins ums andere das Atelier.

Die Fragen

Die Arbeit an den Bildern gibt der Tochter Halt in diesem sich auflösenden Leben. Den Fokus auf einzelne Erlebnisse zu richten öffnet plötzlich neue Blickwinkel. Was Helene und die Tochter gerade erleben, hat nicht nur mit ihnen zu tun, nicht nur mit dem *Großen Vergessen*.

Die Bilder stellen Fragen, die uns alle betreffen:
Was ist wichtig im Leben?
Wer bin ich – jenseits meiner Worte, jenseits meiner Taten?
Was habe ich gegeben, was habe ich bekommen?
Was bleibt?

Die Wortschöpfung

Während Helene die Worte versiegen, schreibt die Tochter Gedichte. Kurz und prägnant versucht sie in Worte zu fassen, was sie sieht, was sie denkt und was sie in Helene zu erkennen glaubt.

Manchmal leiht sie sich eine Wortschöpfung von Helene, die noch auf der Suche nach dem richtigen Begriff unverhofft ein Nachbarwort entdeckt, das ihre Zuhörer überrascht und wunderbar auszusagen vermag, was sie fühlt.

Einmal sprechen sie über Helenes Mutter. »Ich weiß nicht mehr, wann meine Mutter gestorben ist«, sagt Helene nachdenklich. »Ich finde es einfach nicht in meinem Kopf.« Dann hat sie eine Idee: »Ich muss erst hinkrabbeln.« Da müssen beide lachen. Was für ein Bild: im eigenen Kopf herumkrabbeln, auf der Suche nach Fakten und Daten. »Das würde ich auch gern können!«, schmunzelt die Tochter.

Erst neulich hatte sie sich ausgemalt und den Geschwistern in einer Mail beschrieben: »Ich sehe in Helenes Kopf eine Schreibstube mit vielen winzigen Regalen. Ein kleiner Büroangestellter mit weißen Manschetten flitzt herum. Alle Karteikästen mit Worten und Satzfragmenten sind, wie nach einem Erdbeben, aus den Schränken gefahren und liegen verstreut auf dem Boden. Der eifrige Sekretär greift immer wieder nach einem Wort oder Satzteil und reicht es an Helenes Sprachzentrum weiter. Sie legt es sich auf die Zunge, aber wenn sie es hört, weiß sie gleich: ›Nein, das wollte ich jetzt gar nicht sagen.‹«

Gerade weil Helene die Worte nicht mehr zuverlässig zur Verfügung stehen, entwickelt sie eine mutige Kreativität, die es ihr ermöglicht, sich zu verständigen. Sie nähert sich den Begriffen langsam, wie ein krabbelndes Kind. Wer Geduld mitbringt und die Sprach-Bilder erkennt, wird beschenkt. Die Tochter entdeckt eine ganz neue Schönheit in dem vermeintlichen Mangel.

Ohne Fundament

Natürlich ist das für Helene oft nicht leicht. Neulich hat sie sich beklagt: »Ich hatte viel Kummer.« »Womit?«, fragt die Tochter anteilnehmend. »Ich bin nicht auf der richtigen Wellenlänge«, versucht Helene zu erklären. »Ich hänge in der Luft.«

Ja, Helene steht nicht mehr mit beiden Beinen auf dem Boden.

Im Atelier näht die Tochter ein Netz und fängt darin Filzreste, die von ausgeschnittenen Sohlen übriggeblieben sind. Das, was dem Menschen Standfestigkeit geben soll, was die Verbindung vom Fuß zum Fußboden herstellt, fehlt. Aus den Resten entsteht ein bizarres Gebilde von um sich greifenden Filzarmen – wie ein hundertarmiger Krake, zusammengehalten von roten Fäden, die reißen und reißen und reißen.

In seinem Roman *Bis es wieder hell wird* beschreibt Bernlef das Gefühl, und die Tochter erkennt Helene darin wieder: »Ich erinnere mich … nur an das Gefühl einer plötzlichen Schwere, als würde ich durch alles hindurch fallen und könnte mich nirgends festhalten.«

Ein Lebensgewand

Die Tochter streicht mit der Hand über die weichen Stoffe, die überall im Atelier verstreut liegen. Sie vergleicht die Texturen und spielt mit der Transparenz. Stoff ist unsere zweite Haut, denkt sie. Er schützt uns, er wärmt uns und manchmal gibt er sogar Halt. Wie gerne würde sie Helene beschützen, sie wärmend umarmen, ihr Rückhalt geben. Dabei fühlt sie sich ohnmächtig gegenüber diesem hungriger werdenden *Großen Vergessen*.

Die Tätigkeit im Atelier schenkt ihr auf unerklärliche Weise Zuversicht. Sukzessive entsteht dort aus den textilen Bildern, den kurzen Erzählungen und den Gedichten eine Art Lebensgewebe, Helenes Lebensgewand. Eins ergänzt das andere und fügt Tiefe hinzu.

Manchmal begreift die Tochter erst, was geschieht, wenn sie vor dem fertigen Bild steht oder die aufgeschriebenen Worte wieder und wieder wendet.

Das Schweigen

Unsere Worte sind wie ein Steg vom einen zum anderen. Mit ihnen können wir die Distanz zwischen unseren Gedanken zuweilen überbrücken.

Bald werden Helene die Begriffe nicht mehr zur Verfügung stehen. Aber nun ringt sie nicht mehr darum. Schließlich interessieren sie die angebotenen Worte, die ihre Leerstellen füllen sollen, nicht mehr.

Diesseits brauchen wir Worte, denkt die Tochter. Jenseits wohl nicht mehr.

Ein Satz der Malerin Frida Kahlo, die Helene so verehrt, kommt der Tochter in den Sinn: »Ein Vergessen der Wörter wird die richtige Sprache bilden, um die Blicke unserer geschlossenen Augen zu verstehen.«

Die Generationen

Die Tochter denkt oft darüber nach, warum gerade die Demenz nicht nur für sie selbst, sondern für viele in ihrer Generation so ein grässliches Schreckgespenst zu sein scheint.

Die Berichte vom *Großen Vergessen* der väterlichen Urgroßmutter, damals vor neunzig Jahren, lassen sowohl ihr Durcheinandersein als auch die Reaktionen der Familie seinerzeit vergleichsweise banal erscheinen. Auch in den Erzählungen des Vaters packte seine Großmutter nachts ein Köfferchen, um sich aufzumachen. »Das war eben einfach so«, sagt er, ohne sich zu wundern.

Damals lebte die Familie mit drei Generationen unter einem Dach. Jeder trug mit seinen Fähigkeiten etwas zum gemeinsamen Leben bei. Jeder konnte etwas noch nicht oder bewältigte es nicht mehr. Im Miteinander war auch das Unvermögen stets präsent.

Imaginäre Perfektion

Heute akzeptieren wir das Unvermögen nicht kampflos. Dann lernen wir eben noch eine Sprache, gehen häufiger ins Fitnessstudio oder lassen uns einfach die ersten grauen Haare färben.

Die Tochter stößt bei ihrer Suche nach einer Antwort auf die Frage, warum gerade ihre Generation sich so sehr vor dem *Großen Vergessen* fürchtet, auf einen wichtigen Gedanken: Jede Epoche hat ihre »großen« Krankheiten.

Die Wiederaufbaugeneration nach dem Zweiten Weltkrieg fühlte sich am meisten von Infarkten bedroht: Sich körperlich alles abverlangen und dennoch scheitern, davor hatte man Angst. Ohnmacht am scheinbar Machbaren zu erleben, das war damals die Bedrohung.

In Zeiten des Wirtschaftswunders und ungehemmten Wachstums fürchteten alle die unbeherrschbaren Formen des Zellwachstums, den Krebs. Das flüsternd ausgetauschte Wort kam dem mutmaßlichen Todesurteil gleich.

Die entfesselte Sexualität wurde mit der Angst vor Aids beantwortet. Ja, auch heute kann man an einem Infarkt, an Krebs oder Aids noch sterben. Aber die geheimnisvolle Furcht dieser Generation gehört der Demenz.

Diese Generation hat gelernt, dass so vieles machbar ist, wenn man es nur geschickt anstellt. Wer sich erfolgreich durch eine fundierte Ausbildung geackert hat, Netzwerke bildet und pflegt, fühlt sich sicher.

Wir gehen einfach davon aus, dass Fehler heute oft schnell korrigierbar sind. Die Tochter erinnert sich an ein Gespräch: »Wir haben es heute so viel schwerer, alt zu werden und das zu akzeptieren. Da lasse ich mir eine neue Hüfte einsetzen, und sofort erwarten alle, dass ich wieder anfange, für den Marathon zu trainieren.« Perfektion ist das Gebot der Stunde.

Da kommt das *Große Vergessen*, greift nach den Worten und dem kognitiven Zusammenhalt der individuellen Welt. Nichts und niemand kann dem Prozess Einhalt gebieten. Das *Große Vergessen* stößt den Glauben an Bildung, Berechenbarkeit und Vollkommenheit vom Sockel.

Diese Gedanken beschäftigen die Tochter tagelang. Sie leuchten ein. Sie erkennt sich wenigstens partiell darin wieder.

Das Geschenk

Aber etwas ist nicht berücksichtigt in diesem Konzept, das Wichtigste bleibt unerwähnt. Wenn das *Große Vergessen* im Laufe von Jahren auch alles nimmt, so bleibt doch eins, wird tiefer und echter: das geheimnisvolle Geschenk der Liebe, die Wärme, die man verschenkt, und die Zuwendung, die man empfängt.

Helene und die Tochter haben nun die Rollen getauscht. Die Tochter hält Helenes Hand, Helene vertraut ihr, wie ein Kind: »Sag du«, flüstern ihre Augen.

Die Tochter spürt, dass dieser Abschied auf Raten irgendwie zu Helene passt. Sie erkennt im Ringen Helene, sie erkennt im Annehmen Helene und möchte keine von beiden missen. Was hätten sie beide entbehrt, wenn Helene und sie diese Jahre nicht geteilt hätten: die Jahre der Angst, die Jahre des Streits, die Jahre der Nähe, die Zeit des bedingungslosen Vertrauens.

Noch einmal findet Helene zurück zu wenigen Worten. Sie schickt die Tochter auf Reisen. Die Tochter ahnt noch nicht, dass dies die letzten Worte der Mutter für sie sein werden.

Helene macht sich leise bereit zu gehen.

»Das ist gut so«, sagt sie mit ungewohntem Nachdruck.

Das Echo dieser Worte tröstet die Tochter, als sie drei Wochen später in das leere Zimmer in der Wohngemeinschaft zurückkehrt.

Sie nimmt die Arbeit an den letzten Bildern im Atelier wieder auf und stellt die geplanten Illustrationen fertig.

Helene ist fort. Helene ist da. Die Tochter erkennt den Widerspruch.

Er irritiert sie nicht mehr.

Anke Mühlig

Minutenbunt

Fluch und Gnade
des *Großen Vergessens*

Gedichte Bilder Texte

nicolai

In Erinnerung an Astrid Bork-Mielke

Die Autorin

Anke Mühlig, Jahrgang 1957, lebt als freischaffende Künstlerin in Kleinmachnow bei Berlin. In ihrem Atelier entstehen textile Bilder und Kalligrafien auf Stoff. Sie gibt Kurse in Textilgestaltung und verknüpft dabei die Kenntnis von alten textilen Techniken mit neuen technischen Möglichkeiten. Zahlreiche Ausstellungen in ganz Deutschland; Veröffentlichung von Gedichten in Anthologien und Zeitungen. Weitere Informationen finden Sie unter www.anke-muehlig.de.

Der Fotograf

Nils Chudy, Jahrgang 1991, studiert Design an der Design Akademie in Eindhoven, Holland. Er beschäftigt sich intensiv mit der fotografischen Präsentation von Designarbeiten und Kunstobjekten. Kennzeichnend für seine Bilder ist das Spiel mit Schärfe und Unschärfe aus ungewöhnlicher Perspektive. So gelingt es ihm, die Transparenz und Fragilität der zarten Stoffe einzufangen und die textilen Strukturen ins fotografische Medium zu übertragen. Weitere Informationen finden Sie unter www.nilschudy.de.

nicolai *Der Hauptstadtverlag*

Fotografien: Nils Chudy
Lektorat: Andrea Schindelmeier
Herstellung: Christine Noack

Printed in the EU

ISBN 978-3-89479-846-8 (ohne CD)
ISBN 978-3-89479-855-0 (mit CD)

Inhalt

Vorwort

Sie halten ein Buch mit zwei identischen Titelseiten in den Händen. Ist da ein Fehler passiert? Unser Verstand hat meist eine schnelle Erklärung parat: Die Druckerei wird etwas falsch gemacht haben. Oder hat dieses Buch kein vorne und hinten, keinen Anfang und kein Ende? Es könnte auch zwei Anfänge und zwei Enden haben. Aber was, wenn der Fehler in uns liegt? Was, wenn wir vergessen hätten, wie die Welt um uns herum funktioniert?

Die Bilder, Geschichten und Gedichte in diesem Buch erzählen von einem Leben, das zunächst vom *Großen Vergessen* bedroht wird und schließlich hineingleitet. Das *Große Vergessen* – was ist damit gemeint? Vergessen, wo man die Schlüssel hingelegt hat, vergessen, wie Menschen heißen, vergessen, was man gerade eben gemacht hat, und schließlich vergessen, wo man zu Hause ist.

Natürlich, Sie ahnen es längst – es geht um Demenz, das Wort, das uns überall begegnet. Das Wort ist mit so viel Angst belegt, dass ich es bewusst vermeide, damit ich selbst – und Sie hoffentlich auch – offen bleibe dafür, dass diese Lebensstörung zwar wirklich enorm furchteinflößend ist, aber auf überraschende Weise zugleich eine Chance bietet. Eine Chance, die Dinge des Lebens nochmal anders zu sehen und anders zu machen. Das *Große Vergessen* gibt den Betroffenen selbst und auch den Angehörigen die Gelegenheit, scheinbar Selbstverständliches zu hinterfragen und sich dabei neu zu finden.

Ist es wichtig zu wissen, welcher Wochentag heute ist? Natürlich. Unser Alltag würde nicht funktionieren, wenn wir uns zeitlich nicht orientieren könnten. Gleichzeitig ist es auch egal, welcher Wochentag ist, wenn man sowieso nur in genau dem Augenblick lebt und empfindet, der gerade stattfindet. Die Fähigkeit, den Augenblick in seiner ganzen Fülle wahrzunehmen, haben wir, die wir mit Minuten, Stunden und Wochentagen selbstverständlich agieren, manchmal fast verloren.

Die Geschichten, die Sie hier lesen werden, sind alle genau so passiert – in all ihrer Komik, Tragik und Liebenswürdigkeit. In den Gedichten wird das Beschriebene noch einmal reflektiert – manchmal aus der Sicht der Betroffenen und manchmal aus der Sicht eines Beobachters. Die Bilder aus Stoff und Papier illustrieren einzelne Aspekte des Geschehens.

Helene, deren Geschichte erzählt wird, ist nicht irgendjemand: Helene ist meine Mutter. Helene war meine Mutter, muss ich sagen – denn sie ist inzwischen gestorben. Ihr langsam immer größer werdendes Vergessen hat seinen Abschluss gefunden. Das könnte mich traurig machen. Einerseits bin ich traurig, ja. Aber in der anderen Waagschale liegt die Dankbarkeit über die Jahre, die wir gemeinsam hatten, und zwar besonders auch diese Jahre, in denen wir alles noch einmal anders machen konnten und anders machen mussten miteinander.

Benennen

Helene findet ihre Hausschlüssel nicht. Manchmal verdächtigt sie die Nachbarin oder den Sozialdienst, etwas mitgenommen zu haben, was sich später an ungewöhnlichem Ort wiederfindet. Aber Helene kommt zurecht.

Ab und zu geraten die Wochentage durcheinander, dann ruft sie ihre Tochter an: »Hier ist deine Tochter!«, sagt sie ungeduldig. Der Kalender ist verschwunden. Was sie von Telefonaten erinnert, notiert sie sich. Fernsehdebatten versucht sie zu protokollieren. Als sie aufgefordert wird, die Abbuchungsermächtigung für ein Abonnement zu ändern, ruft sie die Kundenberatung an und schimpft verärgert: »Machen Sie Ihre Büroarbeiten gefälligst alleine!«

Da stutzt die Tochter. Was passiert hier?

Sie findet eine Beratungsstelle und erzählt Helenes Geschichte. »Das ist doch eigentlich alles nur Altersvergesslichkeit, nicht wahr?«, hofft sie. »Bitte machen Sie einen Hausbesuch und schauen Sie selbst.«

So kommt eines Tages Frau Wegner zu Besuch.
»Guten Tag«, sagt sie resolut und streckt die Hand aus. »Ich bin Frau Wegner von der Beratungsstelle für Angehörige von Demenzkranken.«

Helene hebt die Arme vors Gesicht, wie um sich vor einem Schlag zu schützen.
Dann legt sie den drohenden Zeigefinger auf die Lippen.
»Dieses Wort kommt mir nicht ins Haus!«, zischt sie bestimmt.

Mit gespieltem Selbstbewusstsein ergreift Helene die Gesprächsführung und fragt die Beraterin nach ihrer Ausbildung, ihrem Werdegang.
Vorsichtiger geworden, macht Frau Wegner ihre Angebote.
Eine ehrenamtliche Begleiterin könnte organisiert werden.

Als Frau Wegner gegangen ist, sagt Helene vorwurfsvoll zur Tochter:
»Ich brauche keine neue Freundin.«

»Dieses Wort kommt mir nicht ins Haus«

Relief aus Baumwolljersey,
Seidenorganza,
Filzbuchstaben, appliziert

2011

Sechs Buchstaben

Sperrst aus, das Wort,
und nähst den Mund ihm zu.
Mit drohender Gebärde
verwehrst du ihm den Laut.

Schließt Fenster zu
und Türen.
Lässt keinen mehr herein,
der dich verraten könnt'.

Verankerst
im Gewohnten dich,
als könnte das Vertraute dir
ein Schutzwall sein.

Bis dieses Wort

dein Schatten wird,
der dich begleitet überall,
der nachts aus allen Ecken kriecht
und kokettiert mit deiner Angst.

Die dich begleiten,
schneiden dir
die Welt in Häppchen
zum Verzehr,

sortieren deine
Zukunft vor.
Das Wort, verbannt,
es klebt wie Teer.

Sechs Buchstaben
werden zur Wand
zwischen dir
und der Welt.

Fragen

Das Jahr, von dem später alle sagen werden, es war das letzte, in dem Helene noch ganz Helene war, hat eine Reling, an der sie sich entlanghangelt. Helene steht an Deck, hält sich fest an diesem Geländer und blickt über ihren Lebensozean, weit zurück auf ihre Lebensreise.

Die Reling ist ein Körbchen, das ihr die Enkelin geschenkt hat. Darin liegen 52 zusammengefaltete Zettel, wie Lose im Eimerchen einer Jahrmarktverkäuferin – eines für jede Woche des Jahres.

Auf jedem Stück Papier steht eine Frage: Was hast du früher gerne gespielt? Wer war dein bester Lehrer? Was hast du Schönes mit deinem Vater erlebt?

Helene füllt ein ganzes Buch mit den Antworten. Woche für Woche freut sie sich auf die neue Frage, sucht Fotos aus staubigen Schachteln, liest in ihren Tagebüchern, kramt alte Briefe hervor. So entsteht, ohne dass jemand es ahnt, im letzten Moment, bevor sich die Erinnerungstür schließt, ein Brevier ihres langen Lebens.

Selten haben die Kinder und Enkel im emsigen Alltag Zeit und Muße gehabt, all den kleinen Begebenheiten zu lauschen; und was dennoch ein hörendes Ohr fand, ist zu einem Bild gefroren oder zu einem Gefühl verschmolzen. Aber nun ziehen die Worte in der wohlbekannten Handschrift noch einmal klare Konturen.

Helene ist die Tochter eines Getreidekaufmanns. Sie erzählt stolz, wie der Vater sie, die Älteste, ins Silo mitnahm. Dort flickten die Näherinnen die staubigen Säcke und strichen ihr mit den groben Arbeitshänden über die artig geflochtenen Zöpfe.

Kurz nach dem Krieg heiratete Helene. An feinen Stoff für ein Brautkleid war nicht zu denken. Der Vater tauschte Getreide gegen Fallschirmseide, und für Helene wurde ein langes, weißes Kleid genäht. Wie glücklich sie auf den vergilbten Fotos aussieht.

Nach beinah sechzig Jahren kramt die Tochter das Kleid aus den Umzugskisten. Der Stoff ist brüchig. Ganz vorsichtig bügelt sie es noch einmal und schlüpft hinein. Vorm Spiegel versucht sie Helenes lebensbejahende Freude zu finden, die diesem Stoff doch eingewoben sein müsste.

»Was bleibt«

Taschen (unten offen)
aus Fallschirmseide
auf Sackleinen,
Knöpfe

2012

Sammeln

Einmal
gab ihr jemand einen Rat,
und er war wohl gut gemeint:

»Nimm mit,
was du
kriegen kannst.«

Sie steckte ihn in ihre Tasche
und knöpfte zu,
um ihn nicht zu verlieren.

Fortan sammelte sie
Dinge und Erlebnisse,
sogar Menschen und Gedanken.

Bis sie eines Tages erfuhr,
das Leben
habe ein Messerchen.

Früher oder später
trenne es
die Bodennähte aller Taschen auf.

Die Zeit verwandle die Knöpfe
in stumme Morsezeichen
der Vergangenheit.

»Aber die Erinnerung,
die bleibt doch?«,
fragte sie trotzig.

Vielleicht.
Vielleicht.
Vielleicht.

Auftauchen – abtauchen

An manchen Tagen hat Helene alle ihre Sinne beisammen. Sie schreitet am Arm der Tochter mit kräftigen Schritten aus. Sie kennt die Wege und plaudert gewandt mit der Verkäuferin im Laden. Die Erinnerungen scheinen greifbar. Niemand würde heute ahnen, dass dieses Wort-das-nicht-ins-Haus-kommt etwas mit Helene zu tun haben könnte.

An so einem Tag kommt die Gutachterin und soll die Pflegebedürftigkeit feststellen. Helene hat eine Suppe gekocht und möchte die Gutachterin dazu einladen. Als die Beamtin ihren Rechner auf den Tisch stellt, erzählt Helene mit Stolz, dass auch sie »eine Computerfrau« sei. Ob sie denn noch alleine das Haus verlasse, will die Gutachterin wissen. »Ja, ich gehe täglich in meinem Park spazieren«, erwidert Helene selbstbewusst. »Das ist lange her«, versucht die Tochter einzuwenden und hat gleich ein schlechtes Gewissen. Sie möchte Helene nicht bloßstellen. Aber die Gutachterin sucht ohnehin nur die eine Hälfte der Wahrheit.

An diesen lichten Tagen können Helene und die Tochter noch streiten. Helene verteidigt wieder einmal die Trennung von ihrem Mann. Die Tochter will vermitteln. Helene widerspricht mit Leidenschaft: »Diese Wunde nimmst du mir nicht!«
Die Tochter zieht die Tür ins Schloss. Hier wird sie heute nicht gebraucht.

An anderen Tagen ist Helene trunken von Hilflosigkeit. Sie hält es nicht mehr aus, allein zu sein. Alle Stunde ruft sie die Tochter an, um zu berichten, was sie ihr schon vorhin erzählt hat.

Die Tochter versteht diese Wandlung nicht. Wie kann es heute so und morgen ganz anders sein. Es gibt keine Kontinuität.

Die Tochter denkt sich ein Bild aus:
In Helenes Kopf gibt es einen Spind mit unendlich vielen Schubfächern. Sie quellen über mit allem, was Helene je erlebt und gedacht hat. Ein winziges Männlein eilt hierhin und dorthin, öffnet und schließt die Schübe und gibt die Erinnerungen darin frei. An manchen Tagen aber sitzt das Männlein erschöpft schlafend in der Ecke, und nichts und niemand kann es wecken. Ein erlösendes Lachen überfällt die Tochter.

Die Tochter beschäftigt sich mit dem zunehmenden Verlust des Gedächtnisses im Alter. Ihr wird bewusst, was für eine immense Fülle von wichtigen und belanglosen Eindrücken wir ein Leben lang täglich verarbeiten müssen. Es ist wohl ein Segen, dass wir nicht alles erinnern – wahrscheinlich würde uns die Unmenge des Memorierten sonst handlungsunfähig machen.
Vieles, was wir wahrnehmen, wird wohl beizeiten aussortiert.
Vielleicht ist Vergessen eher die Regel und Erinnern die Ausnahme?

»Schübe der Erinnerung«

Applizierte, handbemalte Seiden, mehrschichtig, bestickt mit Silbergarn, Knöpfe

2012

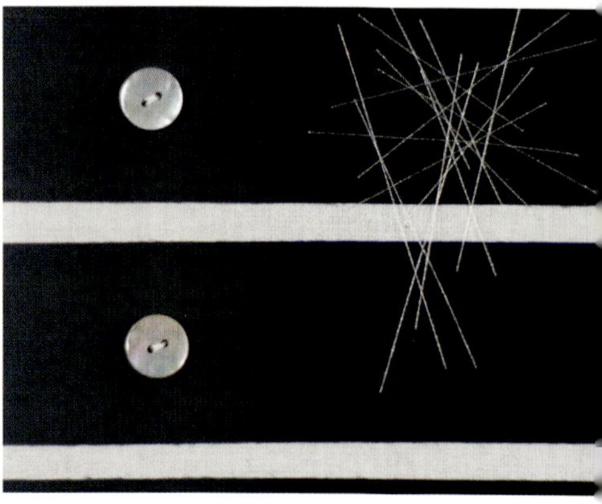

Erinnerungsschübe

Irgendwo in dir
finden sich Räume
geordneter Schübe
voller Erinnerungen.

Aus den Schubkästen
quellen lebendige
Bilder,
Gerüche,
Geräusche und Worte.

Wenn du mir erzählst,
balancieren wir
auf einem Lichtstrahl
in der Dunkelheit.

Andere
Schubfächer
weisen dich ab.
Die Zeit hat sie spinnwebfein
versiegelt.

Und sie wispern
in die Stille:
»Öffne mich nicht,
mein Feuer würde dich verbrennen.«

Behalten

Überall in Helenes Wohnung finden sich kleine und große Zettel. Sie liegen auf Tischen und Kommoden, kleben am Spiegel, hängen am Schlüsselbrett und an der Tür.

Es sind Mitschriften von Telefongesprächen, fragmentarische Aufzeichnungen über Fernsehdiskussionen, vorbereitete Notizen für erwartete Besucher, Erinnerungen an die Tabletteneinnahme und den Hausschlüssel vorm Verlassen der Wohnung.

Alles muss niedergeschrieben werden, sonst »ist es einfach weg«, sagt Helene und liest der Tochter vor, was sie ihr erzählen wollte.

Oft notiert sie auch ihre Gefühle, als könne man sie schriftlich festhalten:
Ich bin traurig … ich bin allein … ich habe mich über den Anruf von Emmi gefreut … ich bin gern in meiner Wohnung …

Über ihrem Schreibtisch klebt ein kleiner, gelber Zettel, mit Tesafilm befestigt, eine Nachricht an sie selbst: »Ich bin froh, dass ich mich von Reinhold getrennt habe. Das war eine gute Entscheidung!«

Der stumme Zettel wird seine Botschaft noch in die leere Wohnung rufen, wenn Helene schon fort ist.

Sie wird später einmal beim Betrachten alter Fotografien ihren Finger auf Reinhold legen und die Tochter fragen: »Wo ist eigentlich dieser Mann abgeblieben?« und mit ratlosem Vorwurf hinterherschieben: »Warum kümmert er sich nicht um mich?«
»Du bist seit dreißig Jahren von ihm geschieden«, antwortet die Tochter.

Helene blickt über die Schulter der Tochter ins Leere und murmelt: »Das hat mir keiner gesagt.«

»Das weiße Gedächtnis«

Papiercollage auf Nessel,
industrielle und handgeschöpfte Papiere,
Schrift, genadelt

2010

Das weiße Gedächtnis

Ich webe,
was ich denke,
mit dem Stift ins Papier,
übergebe es dem weißen Gedächtnis,
als könnte ich Erlebtes einpacken
wie ein Geschenk.

Die Zettel
umgeben mich
gleich einem Burgwall,
der papieren mich schütze
vor dem Entsetzen:
Ich vergesse.

Wie mit den Händen geschöpftes Wasser
durch die Finger rinnt,
sich nicht halten lässt,
verliere ich Stunden, Tage und Jahre,
verliere Gesichter und Namen,
verliere Orte und Worte.

Verloren gehen

Oft gehen Helene und die Tochter zusammen spazieren. Helene sehnt sich nach Bewegung und frischer Luft, traut sich aber alleine nur noch selten hinaus. Es ist leichter zu reden, wenn die Beine sich bewegen, dann fließen auch die Gedanken.

Helene erzählt, die Tochter lauscht. Es sind kleine Berichte aus Helenes Leben, die an die Oberfläche gespült werden, weil irgendetwas am Wege zu einer Assoziation einlädt: Die vom Wind getriebenen Blätter, die auf dem Weg tanzen, das nasse Kopfsteinpflaster der Straße, die grüne Bank – wie damals zu Hause.

Die Dekoration in einem Schaufenster bietet einen Wortanker, wenn Helene den Faden verloren hat.

Unterwegs sagt Helene zur Tochter: »Wir müssen eine Batterie kaufen.« »Wofür?«, fragt die Tochter. »Für die Uhr? Oder für dein Radio?« Helene blickt suchend umher und verfängt sich mit dem Blick in der Auslage des Optikers, an dem sie gerade vorbeikommen. »Für meine Brille«, entschlüpft es Helene und gleich zuckt sie zusammen.

Helene fehlen die Worte, und sie umkreist das Gesuchte. Dabei erfindet sie manchmal kleine, poetische Perlen: »Wir müssen einfach eine Trostlösung finden«, dichtet Helene.

Immer wenn der Gedankenfaden reißt, knüpft Helene kurzerhand eine neue Verbindung. Sie erklärt: »Weil ich viel jünger bin als ihr, werde ich öfter gefragt …«

Aber die Tochter steht verloren zwischen den Geschichten.

»Ich weiß nicht, wovon du sprichst – ich kann dir nicht folgen«, sagt sie irritiert.

Als wäre sie ertappt worden, bestimmt Helene: »Das sollst du nicht sagen!«

»Gedankeninseln«

Collage aus industriellen und
handgeschöpften Papieren,
Rindenbast-, Seidenkokon- und Perlenapplikation

2010/2012

Unversehens

Auf dünnem Eis
gehen wir,
nebeneinander
in zwei Universen,

halten uns
an den Händen,
zwei erwachsene Kinder,
die sich Mut wünschen.

Unversehens
brichst du ein,
tauchst
ab.

Allein
halte ich unseren Gedanken
noch fest
in der geschlossenen Faust.

Wenn du andernorts
wieder auftauchst,
fragen
deine erschrockenen Augen,

ob ich noch da sei
in deiner Welt
des Sturms,
der alles durcheinanderwirbelt.

Du sagst,
wenn du ihnen nah bist,
rutschen sie dir weg,
die Worte.

Gerissen,
der rote Faden,
und wir suchen unsere Hände,
einen Knoten zu machen.

Teilen

Helene bekommt nun regelmäßig Besuch von ihren Kindern. Die wiederkehrende Ordnung ist ein Halt in Helenes Alltag. Und sie bereitet dieses Zusammensein liebevoll vor, möchte gerne etwas geben, wenn die aus ihrem durchorganisierten Alltag ausscherenden erwachsenen Kinder bei ihr einkehren.

Helene kocht Tee und stellt zwei Tassen auf den Tisch. Dort liegt schon das Klemmbrett mit den Notizen für das Gespräch, daneben Zeitungsausschnitte.

Alle Vorbereitungen flüstern: »Ich weiß, dass du heute kommst. Ich freue mich so auf dich.«

Die Tochter umfasst die Teetasse mit beiden Händen und lässt sich vorlesen, was Helene ihr heute erzählen will. Dann lauscht Helene der Tochter, die aus der sich entfremdenden Welt erzählt, von der Arbeit, den Enkeln. Beide genießen das stille Glück des Beisammenseins, des Gebens und Nehmens.

Später einmal, wenn Helene in die Wohngemeinschaft gezogen ist, wird sie nicht mehr in die Küche gehen dürfen, weil sie immer wieder vergessen hat, den Herd auszuschalten.

Es wird Tee gekocht für Helene und die Tochter, die zu Besuch kommt, aber es wird nicht Helenes Gabe sein.
Ihre Hände sind leer, ihre Erinnerungen haben sie verlassen.
Was könnte sie geben?

»Ich möchte mit dir in ein Café gehen«, sagt Helene dann zur Tochter.
Helene wird die Tochter überreden, ein sehr großes Stück Kuchen zu bestellen, und Helene wird ihr Portemonnaie auf den Tisch legen.

Helene möchte geben.

»GebenNehmen«

Collage aus Teefilterpapier,
appliziert auf Baumwollnessel,
Handstickerei mit Baumwollgarn

2011

GebenNehmen

Die gedeckten Tassen
horchen kreisrund
in die Stille.

Warten mit mir,
lauschen auf
den Gast.

Flüstern von
der Wonne
herzuschenken:

Teile mit mir
Trunk, Gedanken
und das Leben.

Sehn mich so
nach
GebenNehmen,

diesem Flechtwerk
unsichtbarer
Fäden.

Lesen

Eines Tages sitzen Helene und ihre Kinder beisammen. Die Tochter weint. Sie ist erschöpft, denn Helene ruft nun zuweilen nachts an. Helene hat vergessen, dass noch Brot da ist oder findet die Toilette nicht mehr. Manchmal kann sie das Telefon nicht bedienen. Neulich hat sie gefleht: »Ich komme jetzt zu dir, ich nehme mir ein Taxi.«

Wie soll das alles weitergehen?

Helene ist sehr ernst, und sie versteht: Sie kann nicht mehr alleine in ihrer Wohnung bleiben. Helene nimmt Abschied von ihrem selbstbestimmten Leben und macht dabei zwei Schritte nach vorn und einen zurück. Sie wohnt probeweise in einer Wohngemeinschaft für alte Menschen, die viel vergessen. Und sie kehrt noch einmal zurück in ihre Wohnung, schläft in ihrem Bett.

Dann hilft ihr der Sohn beim Packen, und sie legt die geliebten Bücher in Kartons, die eigentlich nach Bananen riechen müssten. Sie blättert und erzählt die Geschichten der Lektüre. Sie sortieren die Bände: Kunstbücher, historische Nachschlagewerke, Romane, Gedichte und Atlanten, als sollten sie bald wieder eingeordnet werden in ein neues Bücherregal.

Die Kisten ziehen um in den Keller der Tochter, denn im Wohngemeinschaftszimmer ist zu wenig Platz für so viele Bücher. Und die Tochter klettert über die Bücherkisten zur Waschmaschine, wuchtet sie hierhin und dorthin. Die Kisten stehen im Weg. Das eine oder andere Buch bringt sie Helene mit und die legt es auf den Nachttisch, als wolle sie später darauf zurückkommen. Dort liegt es stumm und wartet. Alle paar Tage wird es vom Staub befreit. Aufgeschlagen wird es nicht.

Da bestellt die Tochter einen Antiquar. Der lässt seinen Blick über die offenen Kartons schweifen, schiebt die kleine, runde Brille auf der Nase hoch und murmelt etwas von Internetbuchversand und Verfall der Kultur. Dann tragen die Tochter und der Antiquar die Bücher zum Auto.

In den Armen der Tochter beginnen die Bücher zu zappeln, sie rutschen in den Kisten hin und her, verlieren ihre Ordnung und drohen gar herauszufallen. Die Tochter denkt an ihre Kinder, die sich früher zappelnd wehrten, wenn sie noch nicht ins Bett getragen werden wollten.

Verstört schaut sie dem davonfahrenden Wagen hinterher und kann ein paar Nächte kaum schlafen. Sie stellt sich vor, wie der Antiquar die Bücher in verschiedene staubige Regale sortiert. Sie überlegt, ob sie wenigstens einige zurückkaufen soll.

Diese Bücher erzählen von Helenes langem Leben. Die Tochter sieht in dieser Sammlung eine Art literarischen Fingerabdruck, der zeigt, was Helene beschäftigt und geprägt hat.

»Zappelnde Bücher«

Bemalte Seiden, mehrschichtig,
Maschinennähte,
Fragmente aus dem Buch *Die Wolfsfrau*
von Clarissa Pinkola Estés

2011

Leseleben Lebenslese

Zwischen zwei Buchdeckeln
stehen sie flüsternd
in ihren Zeilenregalen,
die Worte.

Schenken dir
ihre Geschichten,
wenn du die Buchtür
nur öffnest.

Wortreiches Zeilengespinnst
knüpft den erlesenen Faden,
der dir, Verstand'nes
verwebend,

endlich
ein Puzzlesteinchen
in deine Fragen
setzt.

So wird aus vielen Büchern,
schließlich dein Lesegeflecht,
du hast es einzig gesponnen,
Lebensweisheit gewonnen.

Erzählen

Wenn die Tochter nach früher fragt, kann sich Helene immer seltener entsinnen. Dann sagt sie leichthin: »Da müssen wir uns halt eine Geschichte ausdenken.« Für Helene scheint eine erfundene Erinnerung genauso gut wie eine wahrhaftige zu sein. Die Tochter aber möchte Fakten bewahren. Vielleicht möchte sie auch Helene festhalten. Als könnte man die Gedächtnislücken mit Beharrlichkeit kitten, fragt sie immer wieder nach.

Heute sitzen Helene und die Tochter dicht beieinander auf dem Sofa. Helenes Fotokisten stehen geöffnet auf dem Boden. Die beiden betrachten die alten Aufnahmen.

»Schau, hier liest du uns vor, als wir klein waren«, erklärt die Tochter und hofft, Erinnerungen ans Licht zu locken. Helene nimmt das vergilbte Foto in die Hand. Zweifelnd mustert sie die Personen und schweigt.

Die Tochter erschrickt und legt die Bilder beiseite.

Was passiert, wenn Gesichter ihre Namen verlieren und das Band zwischen Nächsten reißt? Was bleibt, wenn die Erinnerungen auch durch Stichworte oder Fotografien nicht mehr herbeigezaubert werden können?

Die Tochter hat die Fotos wie einen Köder an der Angel in den dunklen Teich geworfen, und nun beißt niemand an.

Helene spürt die Enttäuschung der Tochter.
Sie bittet: »Du musst mir ganz viel von mir erzählen.«

Da beginnt die Tochter zu erzählen und verwendet dabei die Worte, mit denen Helene immer berichtet hat. Plötzlich kann Helene etwas beisteuern, ein Fragment, das aus dem Rahmen zu rutschen droht, gerade noch sichtbar.

Abends kommt der Schwiegersohn nach Hause und küsst die Tochter zur Begrüßung. Helene wirkt erstaunt: »Erkennst du sie denn?«

»Flickwerk«

Laserdrucke, geölt, gecrashed,
appliziert auf Nessel,
Maschinennähte,
Bilderrahmen, aufgenäht

2012

Fotografien

Vergilbtes Fensterchen aus Papier,
du, Luke zur Vergangenheit,
öffne die Flügel
der Erinnerung:

Erwecke die Bilder
zum Leben,
lass hören das Lachen,
lass schmecken das Salz unsrer Tränen.

Gib Namen
den Gesichtern
und webe aus unsren Worten
den Mantel der Geborgenheit.

Ruf du in die Dunkelheit
meines Gedächtnisses,
damit der gefrorne Moment
sein Echo mir schenke.

Und locke das Licht
in die Kammern der Zeit,
die vergangen nur scheint
und doch in mir bleibt.

Sprache

Freigeben

Helene möchte sich am Gespräch beteiligen. Sie sucht nach Worten. Aber die Worte verkriechen sich vor ihr. Helene greift nach einem Nachbarwort, umschreibt das Gesuchte.

Manchmal scheint es, als lege ihr irgendjemand aus dem Unsichtbaren ein Wort auf die Zunge. Sie spricht es aus und weiß sogleich, das wollte sie doch gar nicht sagen.

Die Tochter versucht zu erraten, was Helene meint, und bietet Formulierungen an, serviert Endstücke zu Sätzen, die im Nichts enden.

Da rutscht Helene der Gedanke weg. Sie sackt enttäuscht zusammen und widerspricht heftig: »Nein. Nein. Nein.«

Ein andermal reagiert sie gelassen.
»Lassen wir es einfach so stehen, Liebchen.«
Es ist nicht mehr wichtig – das alles:
Worte … nur Worte.

Die Tochter bewundert diese Weisheit. Worte sagen so wenig.
Das Ungesagte schwingt frei im Raum.

Die Tochter findet Tätigkeiten, bei denen man nicht viel sprechen muss.
Gemeinsam lackieren Helene und die Tochter eine Gartenbank.
Helene ist selig:
»Das ist ja verrückt«, sagt sie. »Wenn ich meiner Krankheit freigebe, geht es mir ganz gut!«

»Ich suche die Worte in eurer Sprache«

Applizierte Kunststofffragmente,
Handschrift auf Mikrofaser,
Handstickerei mit verschiedenen Garnen,
Maschinennähte

2012

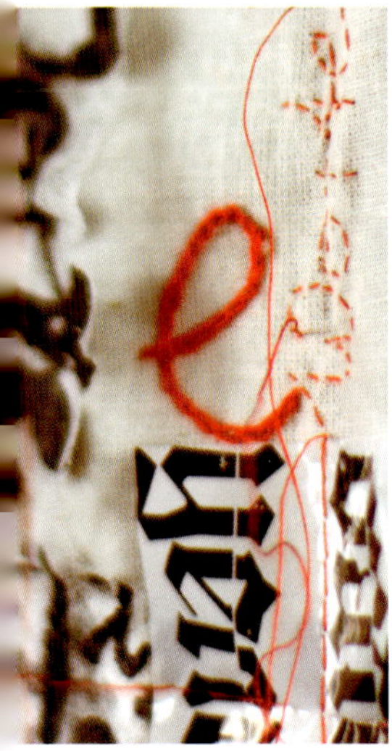

Wortleer

IchsuchedieWortedieWorte
ineurerSprachedieWorte
ichsuchedieWortederSprache
imDunkelimDunkel
erhaschedasNebenwort
WortnahamWort
da
entgleitetermir
derGedanke

leer

Biografieren

Helene muss für ein paar Tage ins Krankenhaus. Ihre Kinder begleiten sie. Abwechselnd wird einer von ihnen bei Helene Wache halten.

Die Tochter stellt sich vor, wie es sich wohl anfühlt, wenn man aufwacht an einem Ort, den man nicht kennt, und wenn man gar nicht weiß, warum man dort ist. Geduldig bewacht sie Helenes Schlaf, hilft ihr beim Waschen, spaziert mit ihr durch die kahlen Krankenhausflure.

Alle, die Helene untersuchen, verwickeln sie freundlich in Gespräche und suchen fragend zu erkunden, wie es ihr geht.

»Warum sind Sie hier, Helene?«, fragt die Ärztin. Helene blickt hilfesuchend von der Ärztin zur Tochter und wieder zur Ärztin. Dann antwortet sie pfiffig:
»Ich dachte, das sagen Sie mir, Frau Doktor!«

Die Ärztin möchte wissen, was Helene einmal beruflich gemacht hat, und Helene gibt bereitwillig Auskunft. »Ich habe im Entwicklungsdienst gearbeitet. Ich war in Afrika.« Die Ärztin schaut fragend zur Tochter. Die schüttelt überrascht den Kopf und denkt an ihren Bruder.

Der Pfleger, der Helene bettet, plaudert mit ihr: »Was haben Sie denn früher gemacht?«, und Helene erzählt glücklich: »Ich bin Lehrerin gewesen. Ich habe immer so gerne mit Kindern gearbeitet.« Der Pfleger fängt den Blick der Tochter auf der anderen Seite des Bettes. Die denkt an ihre Schwester.

Und schließlich sucht die Bettnachbarin Kontakt und fragt: »Und? Wat sind Se jewesen?« Helene antwortet bestimmt: »Ich bin Musikerin gewesen.« Da beginnt die Tochter zu verstehen und denkt an Helenes Enkelin, die Musik studiert.

Helene schlüpft in Sekundenschnelle in die Biografien ihrer Kinder und Enkel und findet überzeugende Worte.

Dabei hat sie sich selbst doch schon verloren.

»IchDuIch«

Bemalte Seiden, mehrschichtig, applizierte Seidensilhouetten, Handstickerei

2011 / 2012

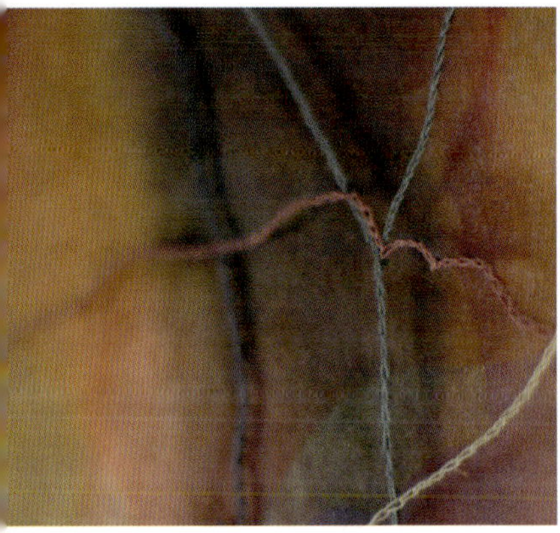

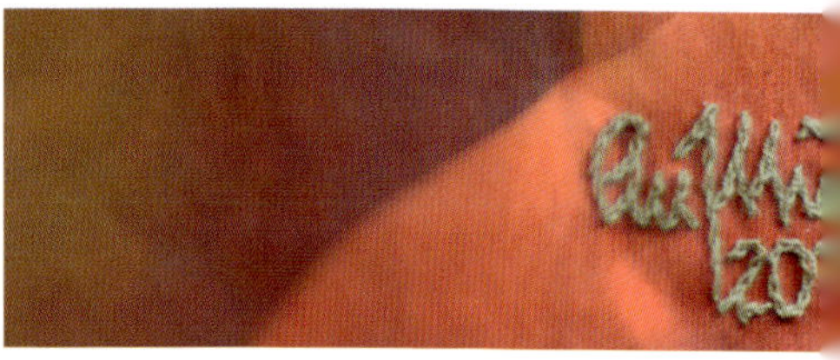

IchDuIch

Mutter bist du,
Baum, an dem wir lehnten,
hast die Rinde gänzlich abgelegt.
Fragt man dich nach deinen Lebenswegen,
sind es unsre,
die dein Mund erzählt.

In der »Welt des Ich«
ist es so wichtig,
wer ich bin und was ich tu und hab.
Einmal wird all das doch nichtig,
und ich ahne,
welche Weisheit mir hier weht.

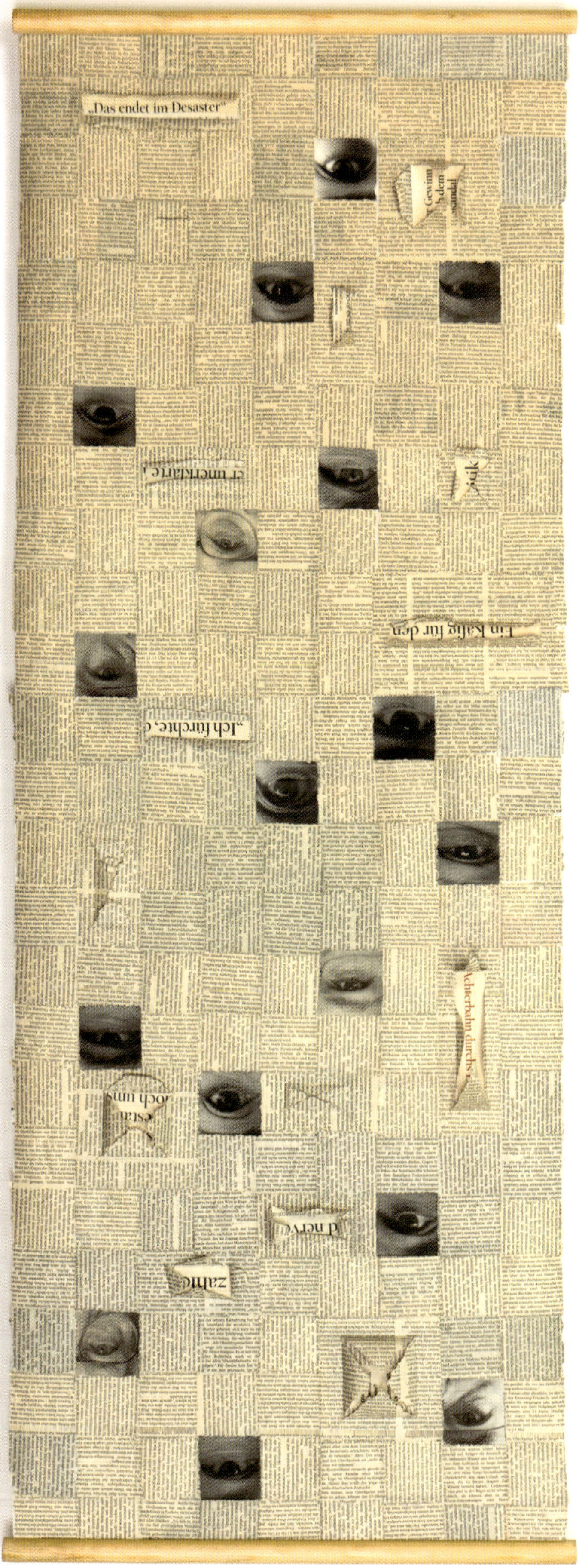
„Das endet im Desaster“
Ein Käfig für den
„Ich fürchte,
Achterbahn durchs

Wissen

Die Zeitung gehört zu Helenes Leben, solange die Tochter denken kann. Die gründliche und genussvolle Lektüre in ihrem Schaukelstuhl an der Balkontür ist ein Ritual, das sie in der Welt verankert.

Helene schneidet Artikel für Kinder und Enkelkinder aus und steckt sie in einen Umschlag. »Für Dich gelesen« steht auf dem Zeitungsrand – mit einem unsichtbaren, aber innerlich hörbaren Ausrufezeichen. Helene möchte ins Gespräch kommen. Die verschickten Zeitungsartikel hat sie vorher kopiert, damit sie den Inhalt parat hat, wenn eins der Kinder darauf zu sprechen kommen sollte.
Aber die Kinder lesen andere Zeitungen.

Helene sammelt weiter Zeitungsauschnitte.
Helene war immer politisch informiert.

Als Helene in die Wohngemeinschaft zieht, bringt ihr der Schwiegersohn auf dem täglichen Heimweg die Zeitung. Helene ist dankbar dafür und freut sich über den kurzen, zugewandten Besuch. Helene greift nach der Zeitung und fängt mit den Augen die Überschriften. Wieder und wieder liest sie die Titel laut vor. Die Schlagzeilen geraten bizarr durcheinander. Die Inhalte bleiben auf dem Papier zurück.

Alles, was in der Welt geschieht, fühlt sich bedrohlich an für Helene und scheint direkt hier im Zimmer zu geschehen: Die Katastrophe in Fukushima, die Kämpfe in Syrien, der Schuldenberg der Hauptstadt.
Helene schaut auf die Zeitung, die Zeitung starrt Helene an.

Als Helene und die Tochter von einem Spaziergang heimkehren, entdeckt Helene den dekorativ am Gartentor platzierten Findling wie zum ersten Mal. »Damit wollen sie uns erschlagen«, fürchtet Helene. »Wie kommst du denn darauf?«, fragt die Tochter bestürzt. Dann fällt ihr das Zeitungsbild eines aufgebrachten Mannes in Syrien ein, der mit einem Stein in der erhobenen Hand droht.

Helenes Betreuer bitten darum, dass keine Zeitung mehr gebracht wird, weil sie Helene nur beunruhigt.

Aber die Tochter kann sich Helene ohne ihre Zeitung einfach nicht vorstellen.

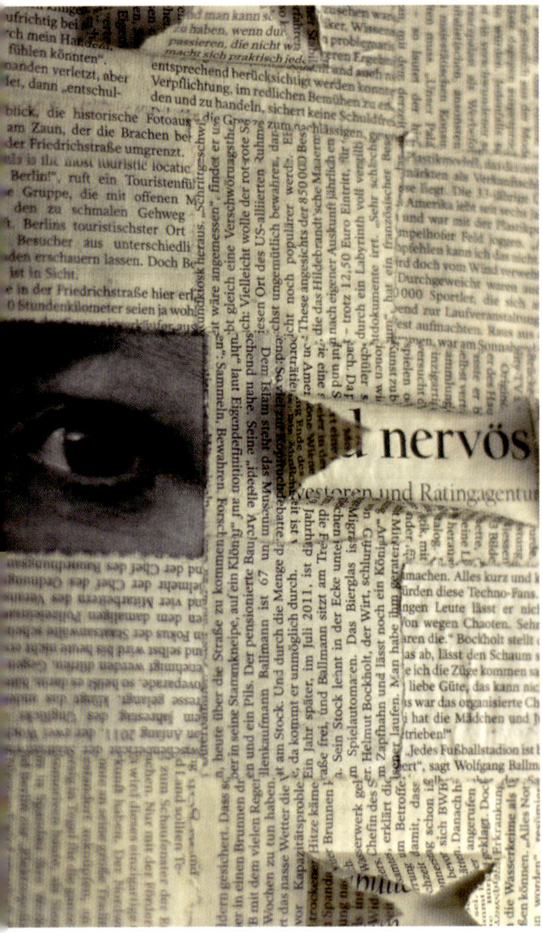

»Die Distanz schmilzt zum Hemd«

Zeitungspapier,
Fotos, gedruckt auf vergilbten Papieren,
appliziert auf Nessel

2011

Zeitungslektüre

Die Worte
springen mich an
wie aufsässige Tiere.

Sie verlassen ihren Kontext
und krallen sich
in meine Gedanken.

In die Stille,
interpunktiert vom Rascheln des Papiers,
rufen sie.

Die Distanz
zum Geschehen in der Welt
schmilzt zum Hemd.

Alles berührt mich,
alles meint mich.
Wehrlos.

Zeit messen

Helene trägt ihre Armbanduhr. Helene hat ihren alten Wecker auf dem Nachttisch. Helene gibt der Tochter ihre Uhr mit und ist ärgerlich: »Hier verstellt immer jemand meine Uhr.« Die Tochter kauft eine neue Batterie. Die Tochter kauft sogar eine neue Uhr. Die Uhr geht falsch.

Helene weiß nicht, welche Zeit es ist. Die Uhr sitzt verkehrt herum am Handgelenk.

Helene steht in der Nacht auf und zieht sich an. Sie hat vergessen, dass es nachts dunkel ist. Sie möchte einfach los. Wohin?

Helene wacht nach dem Mittagsschlaf auf und sucht Halt in einem ganz neuen Tag. Hat sie schon gefrühstückt? Wann gibt es Abendbrot?

An manchen Tagen versorgt die Tochter Helene, wechselt ihr die Windel, schneidet ihr die Nägel. Da geschieht es, dass Helene die Tochter fest umarmt. Beschwörend pointiert sie die Worte:
»Ich möcht' die Zeit anhalten! Es ist so schön mit dir.«

Die Tochter ist überwältigt von der Liebe, die sie spürt, und der Dankbarkeit, die beide vereint.

Die Zeiger der Uhren sind verstummt. Diese Nähe währt eine gefühlte Ewigkeit.

Am Abend sagt Helene glücklich: »Es war so schön mit dir. Das vergesse ich nie.«
Die Tochter legt den Satz über alle Verletzungen, die Mütter und Töchter einander zufügen.

Am nächsten Morgen beklagt Helene sich bitter bei der Pflegerin:
»Wo ist sie denn, die Tochter? Ich habe sie schon wochenlang nicht mehr gesehen.«

»Minutenbunt«

Bemalte Seiden, mehrschichtig, applizierte Seidenziffern und -zeiger, Maschinennähte

2012

Minutenbunt

Ach, könnt ich doch
der Uhren Zeiger
festnähen
auf ihrem Zifferblatt.
Könnt ich verknoten
die fliehenden Fäden der Zeit.

Könnt ich
fangen den Moment,
in dem wir uns begegnen,
Jetzt,
mich wärmen am Alltäglichen
mit Dankbarkeit.

Aber die Zeit
ist ein Ballon,
gebläht vom Nichts,
minutenbunt,
da windet sich die Schnur
aus meinen Fingern

und

fliegt

davon

Datieren

Helene hat immer einen schwarzen, in Kunstleder gebundenen Kalender besessen. Darin notiert sie alle Termine.

Irgendwann einmal verschwindet der Kalender, ist einfach nicht mehr zu finden. Helene kauft einen neuen. Da taucht auch der alte wieder auf. Und schon gerät alles durcheinander. Was im einen steht, fehlt im anderen.

Schließlich gibt Helene es auf, in ihren Kalender zu schreiben.

Später, im Wohngemeinschaftszimmer, gibt es einen Abreißkalender an der Wand. Morgens reißt die Betreuerin das Blatt des Vortages ab und verkündet munter den Wochentag und das neue Datum.

Vormittags geht Helene zum Kalender und trennt das nächste Papier vom Block.

Nach dem Mittagsschlaf tappt Helene zum Kalender und zieht einen weiteren Tag aus der Halterung.

So wird es Weihnachten mitten im Sommer, und Helene ist unglücklich, weil sie keiner eingeladen hat.
Haben die Kinder sie vergessen?
Wollen sie nicht mehr mit ihr feiern?

Alle bemühen sich um wiederkehrende Rituale und machen strikte Wochenpläne, die Halt geben sollen.

Aber für Helene ist auf wundersame Weise jeder Tag ein Montag.

»Leiter ohne Sprossen«

Kalenderblätter,
bemalte Satinseide,
appliziert auf Nessel

2011

Verborgene Zeit

Tage tauschen heimlich ihre Namen.
Monate täuschen mit irrigen Ritualen.
Jahreszeiten kündigen ihre Ordnung.
Und Ziffern verblassen zu Spuren auf dem Blatt.

Ich bin verstoßen
aus eurer Zeit.

Mir geschenkt sind
lichte Augenblicke,
aus dem Kontinuum gefallene
Momente der Ewigkeit.

Zu Hause sein

Helene hat eine taubenblaue Wollstola von ihrer Mutter geerbt. In diesen Schal hüllt sie sich, wenn es ihr an Körper oder Seele fröstelt. Das weiche Gewebe hat den mütterlichen Duft lange bewahrt. Das Tuch legt Geborgenheit um Helenes Schultern, wärmt ihren Leib, schmiegt sich um die kalten Füße.

Als der Schal verwaschen und fadenscheinig geworden ist, bringt Helene ihn hinaus zur Mülltonne. Eine Stunde zweifelt sie. Dann fischt sie ihn, der obenauf lag, wieder heraus. Sie wäscht ihn vorsichtig, stopft ein Loch.

Sie heftet das Tuch mit Stecknadeln an die Wand und befestigt darauf Fotos ihrer Mutter, Fotos von sich selbst, Bilder der Kinder: Eine Chronik der Familie entsteht.

Sie gibt dem Bild einen Namen. »Der Schal meiner Mutter« wird zum Synonym für Geborgenheit und für die Zuflucht, die Erinnerung an die Familie geben kann. Der Schal ist ein Stück Zuhause geworden.

Viel später wird Helene sich oft wünschen: »Ich möchte nach Hause.«
Ihr alter Schreibsekretär und ihr gemütlicher Sessel stehen nun im Zimmer in der Wohngemeinschaft. Ihre Kartons mit Fotos stehen dort in ihrem Regal. Das Bett ist mit ihrer Wäsche bezogen. Fürsorglich hat die Tochter für Helene einen neuen blauen Schal besorgt.

Aber Helene möchte nach Hause.

Die Tochter fährt mit Helene zur alten Wohnung. Beide recken die Hälse und blicken von der Straße durch die Fenster. Nein, das hier ist nicht mehr Helenes Zuhause.

Abends kehren Helene und die Tochter von ihrem Ausflug zurück in die Wohngemeinschaft. Einen Moment bleiben beide im Auto vor dem Haus sitzen und Helene fragt beklommen:
»Was wollen wir hier?«
»Hier bist du zu Hause«, antwortet die Tochter versöhnlich.
»Hier wartet dein Bett auf dich.«

Hat Helene die Erklärung gehört? Helene wirkt verstört.
»Geh du nur hinein«, schlägt sie vor. »Ich warte hier auf dich.«

Später wird die Tochter den blauen Schal suchen und Helene um die Schultern legen.

»Zustandsort«

Patchwork, Wolle und verschiedene
handbemalte Seiden,
bestickt mit Baumwollgarnen,
gefüttert mit Seidengeorgette

2012

Zustandsort

Möcht manchmal eine Schnecke sein,
die ihr Zuhause bei sich hat,
und kaum ist ihr die Welt zu groß,
macht sie sich klein und schlüpft hinein.

Doch ist Zuhaus
ein Schneckenheim,
gewendeltes
Behütetsein?

Ist es ein Raum?
Ist es ein Mensch?
Sind es Erinnerungen,
gesammelt in den Zeiten?

Es ist ein Ort,
der mir gelegentlich
zu eng, doch kaum verlass ich ihn,
schon sehn ich mich zurück.

Ist auch der Mensch,
mit dem Erfahrungen ich teile,
und ist er nah,
fühl ich mich kugelig und ganz.

Zuhaus ist auch das Sammelnest,
Herberge des Erinnerns,
dies Buch, das Bild, ein Möbelstück,
lädt ein mich zu besinnen.

Und doch – Zuhause ist noch mehr,
mehr als der Ort,
mehr als der Mensch,
mehr als bewahrte Zeiten.

Zuhause ist
ein Zustandsort,
ein Winkel der Geborgenheit
in mir.

Singen

Helenes Suche nach Worten wird immer schwieriger. Es strengt sie sichtlich an. In unfreiwilliger Komik sagt sie einmal mitten in einem Gespräch: »Nach dieser Deutschstunde müssen wir erst mal ausruhen.«

Schließlich sind ihr nur noch wenige Worte geblieben. Ihre Sätze enden nach zwei oder drei Begriffen – manchmal bleiben sie einfach in der Luft hängen:
»Du musst …«, beginnt Helene dann und schaut aus dem Fenster.
»Was muss ich?«, fragt die Tochter und erhält keine Antwort.

Die Tochter weiß nicht mehr, worüber sie mit Helene sprechen könnte. Sie will nicht mehr fragen, weil die Frage nur im stillen Raum nachhallt und keine Antwort sie mehr ruhigstellen kann.

Was soll sie ihr noch erzählen von der Welt da draußen, die mit Helene so wenig gemein hat. Helene entgleitet ihr.

Um das Schweigen zu brechen, beginnt die Tochter eine Melodie zu summen. Helene stimmt ein. Sie singt klar und deutlich. Die Worte fließen mühelos:
»Geh aus mein Herz und suche Freud in dieser schönen Sommerzeit …«

Für die zweite Strophe muss die Tochter das Liederbuch suchen. Kaum ist das erste Wort des Verses angestimmt, übernimmt Helene die Führung und singt und singt. Die Reime aus längst vergangenen Zeiten sind wie ein Seil, an dem sich Helene entlanghangelt. Drei Strophen, fünf Strophen, alle Strophen kann Helene auswendig.

Helene und die Tochter haben die unheimliche Stille gebannt. Helene jubiliert.
»Die Gedanken sind frei« ist immer Helenes Lieblingslied gewesen.
Zusammen singen sie von den Gedanken, die niemand erraten kann.

Die Tochter überlegt, wie denkt man – ohne Worte?

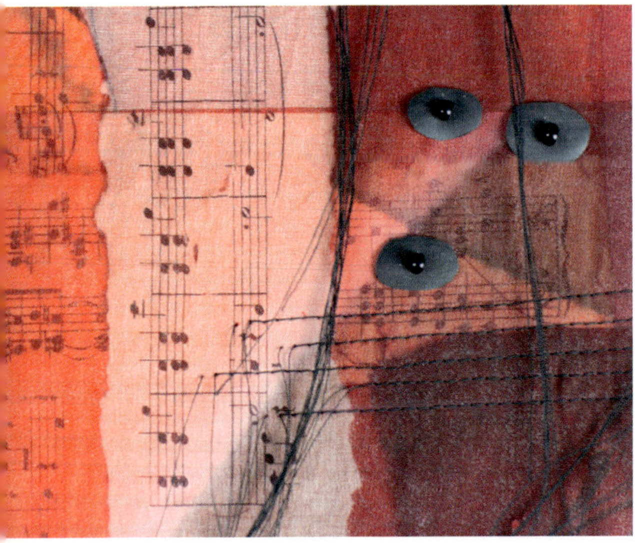

»Die Verse halten Wort«

Assemblage,
verschiedene handbemalte
Seiden, Papier, Gummi, Perlen,
Maschinennahte

2012

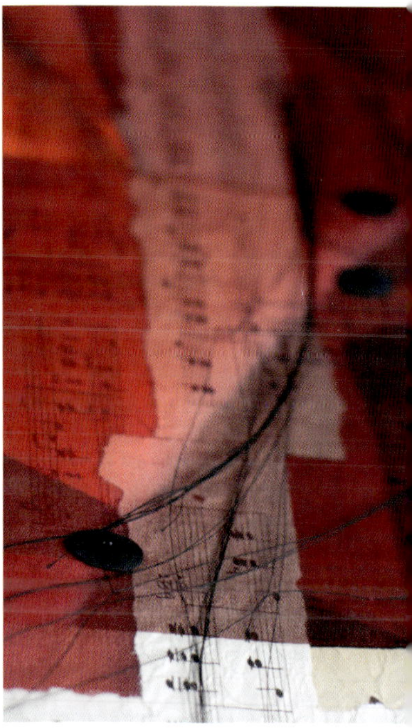

Wortgewand

Längst
ducken sich vor dir
Begriffe
in die Dunkelheit.

Dein Wortgewand
ist brüchig und zerschlissen.
Sprachlos
stehst du vor dir.

Die Satzfragmente trag
zum Fluss
und lass sie treiben
auf den Klängen.

Wie selbstverständlich
falten sich
die Reime
zu papiernen Kähnen,

die fraglos dich
von Stroph'
zu Strophe
tragen.

Die Verse
halten Wort
und schaukeln heim auf ihrer Melodie:
Ein Lied wird dir zum Hort.

Rufen

Helenes Sohn lebt in Amerika. Er ruft jede Woche an – immer zur gleichen Zeit.

Helene hat in ihrer Wohnung jeden Samstagabend am Telefon gesessen und sich auf dieses Gespräch gefreut. Sie hat dem Sohn beglückt vom Spaziergang im Park erzählt, von der grünen Bank auf dem Hügel, dem Sonnenuntergang.

Er hat ihr von der Demonstration gegen Bush und den Krieg berichtet. Was Helene wichtig war, wird nun von ihren Kindern gelebt. Ein unsichtbarer Staffelstab wird weitergereicht, und das erleichtert Helene. Sie sagt es wieder und wieder.

Seitdem Helene in der Wohngemeinschaft lebt, bringt jeden Samstag die Betreuerin Helene das Telefon. Es ist ein fast feierlicher Moment, wenn sie sagt: »Hier ist Ihr Sohn aus Amerika.«

Helene greift den Apparat und lauscht in die Ferne. Bei ihrem Sohn beginnt gerade der Tag, der für Helene schon zu Ende geht.
»Was hast du heute gemacht?«, erkundigt sich der Sohn.

Helene schaut auf den Fernsehapparat, in dem gerade eine Tiersendung läuft.
»Ich war im Zoo«, antwortet sie unsicher.
Der Sohn deutet das Geräusch im Hintergrund und beginnt selbst zu erzählen.

Helene lauscht eine Weile, nickt. Dann sinkt die Hand mit dem Telefon in den Schoß. Die Stimme des Sohnes kommt wie von weit her.
»Ich verstehe dich nicht, Liebchen«, murmelt Helene.
Der Sohn ruft lauter in seinen Apparat am anderen Ende der Welt.
Helene murmelt wie zu sich selbst: »Ich verstehe nicht. Es ist zu leise.«

Eine Weile hört der Sohn dem Geschehen in der Ferne noch zu. Es wird dort Abendbrot serviert. Man plaudert.

Schließlich findet jemand das Telefon, das Helene vom Schoß gerutscht ist.

Der Sohn hat am anderen Ende der Leitung ausgeharrt.
Er verspricht, in der nächsten Woche wieder anzurufen.

»Namenlos«

Baumwollnessel, bemalt,
Soluvlies, partiell aufgelöst,
Maschinennähte

2013

Netz

Längst
habe ich vergessen
ihre Namen:

Die Dinge
liegenstehenhängen
stumm herum.

Mit ihnen
spinnt ihr euren
Lebensfaden:

Das Telefon,
das Radio,
die Uhr.

Geduldig
legt ihr sie
in meine Hände:

»Horch mal,
dein Sohn,
die Stimme kennst du doch.«

Ich lausche
und ich spüre ferne Nähe
in einer Stimme, deren Wortinhalte hohl.

Dann schlüpfe ich
vergessend
durch das Netz,

das ihr mir knüpft,
was mich
nicht hält.

kampf
2012

Ankommen

Helene hat als Fünfzigjährige noch einmal studiert.
Damals hat sie gelernt zu widersprechen.

Helene ging mit den Studenten auf die Straße gegen Aufrüstung und Atomkraft. Helene hat sich einen Arbeitsplatz erstritten und gegen den Baulärm in ihrer Straße geklagt. Helene hat Vorschriften hinterfragt und für die Rechte Schwächerer gefochten.

Helene ist stolz darauf, eine streitbare Frau zu sein.
Helene hat oft zu ihren Kindern gesagt: »Du musst kämpfen. Gib nicht klein bei.«

Der Kampf hat sie ermüdet. Nicht selten hat die Erschöpfung sie traurig gemacht und entmutigt. Immer angriffsbereit, wurde sie schließlich wund am Leben.

Nun hat Helene ihre Stacheln eingezogen. Das Feuer, an dem sie sich selbst so oft verbrannt hat, ist erloschen.

Sie sitzt in ihrem Stuhl und scheint zuweilen ein unsichtbares Geschehen zu belächeln.

Sie freut sich und ihre Augen leuchten, wenn eines ihrer Kinder durch die Tür tritt. Es ist ihr entfallen, dass sie sich etwas wünschen könnte. Sie erwartet nichts, und sie wird auch später nichts erinnern.

Helene ist angekommen im Augenblick.

»Wunschlos glücklich / Kampflos selig«

Assemblage,
Baumwollnessel, Stecknadeln,
Handstickerei

2012

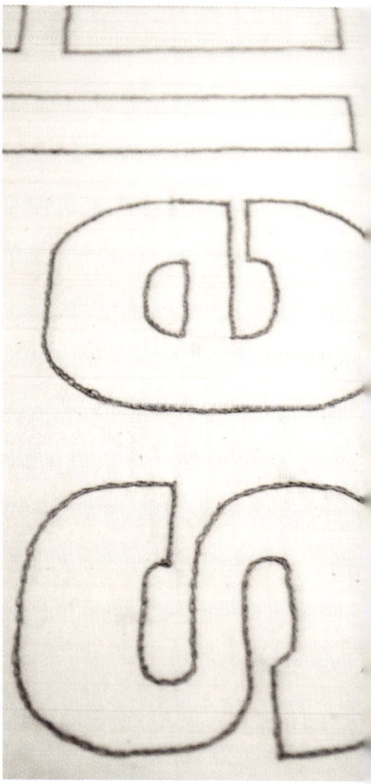

Kampflos

Musst kämpfen,
lebte sie.
Halt fest
an deiner Forderung.
Mit eiserner Gebärde greif
des Lebens Dirigentenstab.

Zeitlupensanft
kam leisefuß und gierighand
Vergessen in ihr Sein,
griff nach dem »Muss«
und schließlich nahm's
auch ihre Wünsche mit sich fort.

Es nahm …

… und gab
ein Jetzt,
das ganz und gar
erinnerungsleer, erwartungsfrei
entrückte Seligkeit verschenkt.

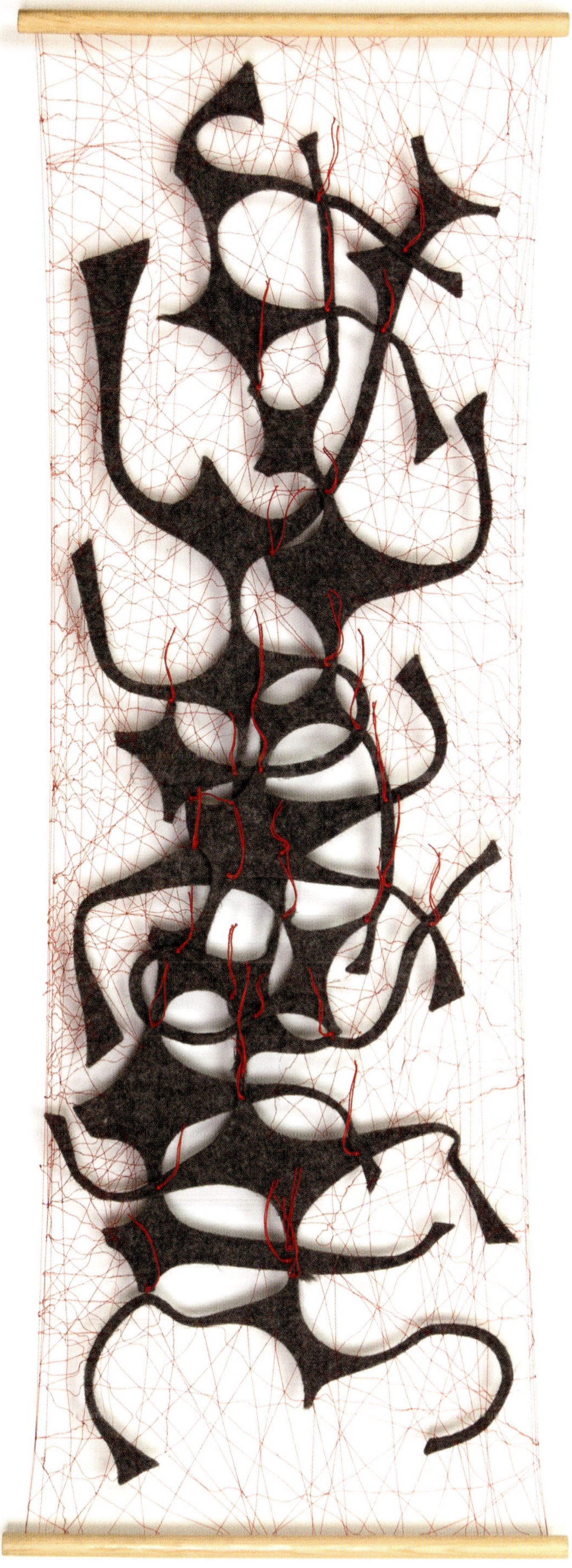

Schweben

Helene weiß nicht mehr, welcher Wochentag ist. Helene hat die Orientierung im Tageslauf verloren.

Helene blickt suchend um sich, wenn sie das Zimmer verlässt: Wo geht's zum Bad? Wo ist die Haustür?

Helene vermutet manchmal, dass ihr etwas verheimlicht werden soll. Das macht sie misstrauisch.

Helene ist oft schwindelig. Vorsichtig schiebt sie die Füße über den Boden, um nicht den Halt zu verlieren.

Helene verleiht ihre Wünsche.

Wenn die Tochter sie fragt: »Möchtest du Tee oder Kaffee?«, schaut Helene sie hilfesuchend an: »Entscheide du«, bittet sie.

Helene lebt im Jetzt. Es gibt kein Früher oder Später mehr, kein Schlechter oder Besser.

Dem Schwiegersohn vertraut sie an: »Ich hänge in der Luft.«

»Bodenlos«

Filzsohlenzuschnitt,
genähtes Netz,
Perlen, Perlgarn

2012

Bodenlos

Was trägt mich,
wenn die Sohlen fehlen?
Ich schwebe und
bin doch nicht frei.

Der Boden bebt
und was mir einstmals Halt geboten,
wird blass und stumm,
bis nur das Namenlose bleibt.

Mit tausend Armen
greife ich ins Leere,
verfange mich
in euren roten Fäden.

Und meiner reißt
und reißt
und reißt
entzwei.

Ich hänge in der Luft,
im Ungewissen,
mein Wurzelwerk
ist nunmehr ausgerissen.

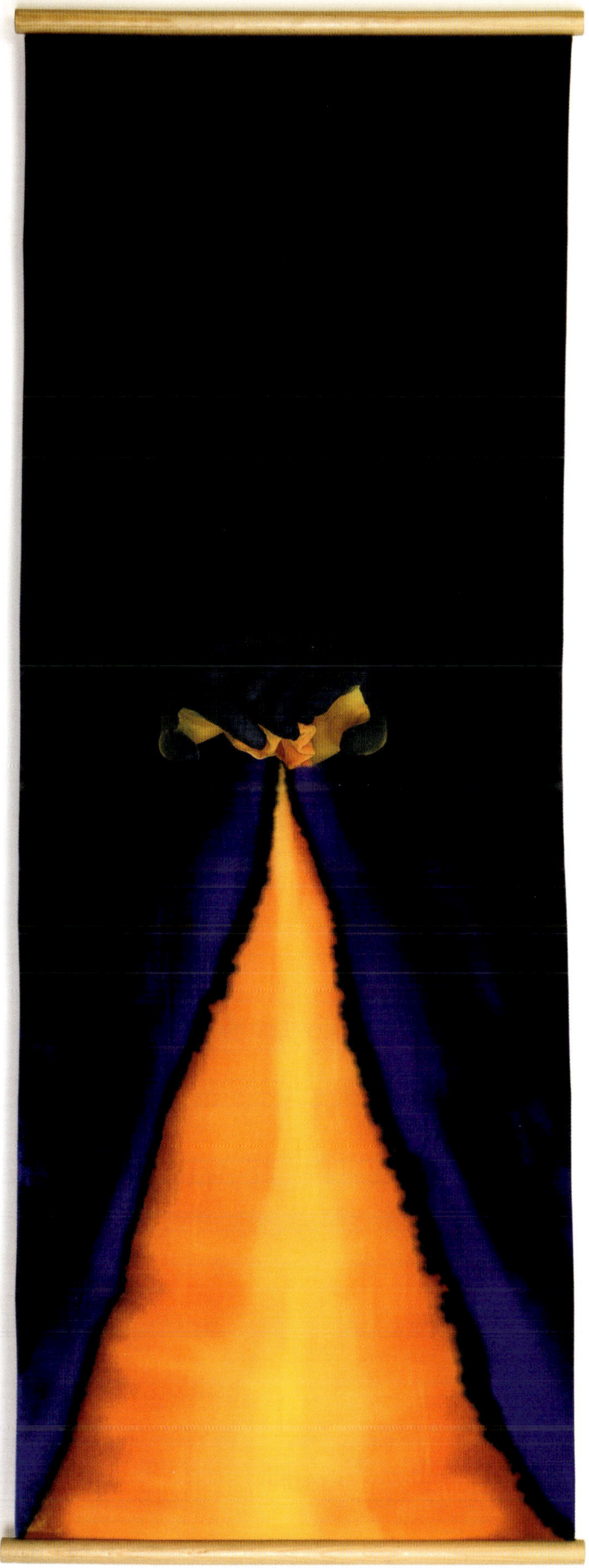

Trennen

Helene sitzt nun im Rollstuhl. Helenes Beine tragen sie nicht mehr. Helene leiht fremde Beine. Sie wird zum Spaziergang geschoben. Auch in der Wohnung wird Helene dorthin geschoben, wo sie vermutlich sein möchte.

Heute sitzt Helene am Fenster. Sie schaut in die Ferne. Die Tochter legt ihre Hand auf Helenes Hand. Helenes Hand antwortet nicht.

Die Tochter beginnt zu erklären, bemüht, das schlechte Gewissen aus der Stimme zu tilgen. Seit Monaten ist eine Reise geplant, und die Tochter hat sich nicht getraut, Helene davon zu erzählen.

»Ich werde eine Zeit nicht kommen, Helene«, sagt sie vorsichtig. Helene ist fern.
»Ich fahre zu den Kindern, deinen Enkeln …« Eine lange Weile ist es still im Zimmer.

Dann findet die stumme Helene zwei Sätze, die mit Großbuchstaben von den Wänden hallen.
»Fahrt ihr!«, sagt sie sicher, schöpft scheinbar neuen Mut und fügt dann hinzu:
»Das ist gut so.«

Die Tochter nimmt Helene in den Arm. Sie ist erleichtert.
Dann schiebt sie Helene zu den anderen ins gemeinsame Wohnzimmer.

Der Betreuerin legt sie einen Stapel Fotos in die Hand, eines für jeden Tag, den sie weg sein wird. Auf jedem Foto ein Erlebnis, das Helene und die Tochter verbindet. Der Faden soll nicht reißen.

Als die Tochter abgereist ist, wird Helene Fieber bekommen. Sie wird im Bett bleiben. Helene wird nicht mehr essen mögen. Ihre andere Tochter wird kommen und ihre Hände halten. Sie wird bei ihr sitzen, stundenlang, tagelang.

Helene macht sich bereit, das Letzte anzunehmen. Und dann wird Helene eines Nachts, als alle anderen schlafen, ihre Tür endgültig hinter sich zuziehen.

Die Kinder werden ihre Asche an den Ort ihrer Kindheit bringen. Dort werden Kinder, Enkel, Nichten und Neffen und auch Reinhold, der geschiedene Mann, an ihrem Grab stehen und singen »Die Gedanken sind frei«.

Es wird ein sonniger, aber stürmischer Tag sein. Die Fliederbüsche, die den Friedhof behüten, werden arg zerzaust hin und her geworfen. Nichts hätte besser zu Helene gepasst, denkt die Tochter und ist dankbar für Sonne und Sturm an diesem Tag und in den Jahren, die sie mit Helene geteilt hat.

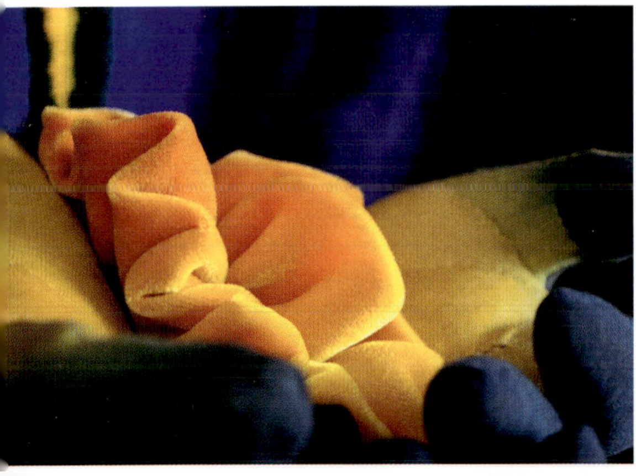

»Gnade«

Relief,
Seidensamt, bemalt, wattiert,
Etamine-de-Laine-Jersey, bemalt

2013

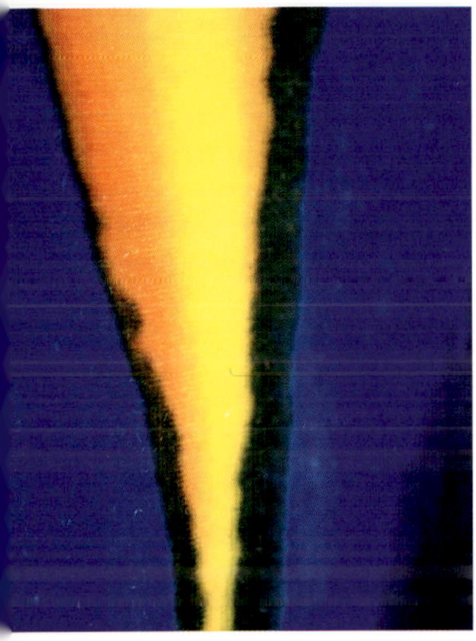

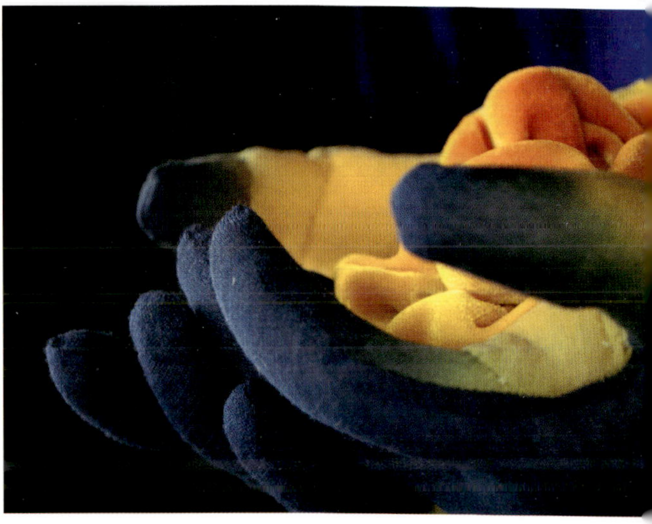

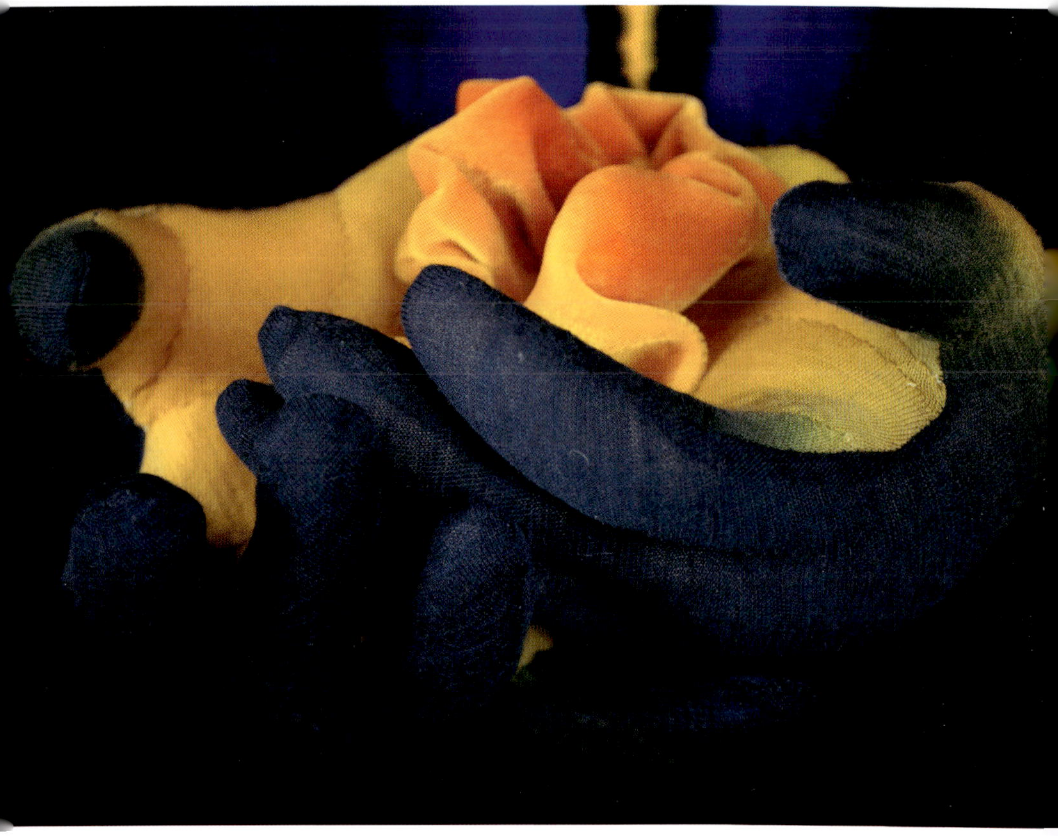

Hände

Nichts mehr halten,
nicht die großen Ideale,
nicht die kleinen Dinge des Lebens,
nicht einmal die sanfte Hand, die sie berührt,
können sie halten.

Nichts bleibt diesen Händen,
nicht das Materielle,
nicht das Ideelle,
nicht die Geste.
Sie ruhen.

Alles rinnt
durch diese Finger
wie Wasser,
wie Sand,
wie Staub.

Bis sie zur Schale werden
die das Unfassbare fängt,
bis sie nach der Gnade greifen
und ins Licht
sinken.

Nachklingen

Helene ist nicht mehr da.

Alles, was ihr gehörte, alles, was sie in ihrem Leben zusammengetragen, was ihr gedient hat, alles, was ihr geschenkt wurde, was sie aufgehoben hat, weil es ihr wichtig war, ist nun sortiert und verteilt worden. Manches hatte für niemanden mehr Wert und wurde schweren Herzens weggeworfen.

Ein Jahr ist vergangen. Der Wechsel aller Jahreszeiten hat sich ohne Helene ereignet. Helene fehlt. Helene lebt nicht mehr.

Aber Helene lebt.

Helene, die ihre Erinnerung verloren hatte, lebt im Andenken weiter. Sie lebt bei ihren Kindern und Enkeln. Sie lebt bei ihrem geschiedenen Mann. Sie lebt bei Freundinnen, Nachbarn und Kollegen.

Wann immer einer sagt »Weißt du noch?«, öffnet sich damit eine Erinnerung, die zwei teilen können. Dann ist Helene ganz nah.

Auf sonderbare Weise ist Helene sogar präsenter, als sie es in ihren letzten Lebensjahren war.

Manchmal verweilt die Tochter am Küchentisch und trinkt ihren Kaffee. Sie sitzt nun alleine dort und erinnert sich. Nur sie und Helene teilen dieses Stück gelebtes Leben. Die Tochter schaut auf den leeren Stuhl gegenüber und spricht unhörbar mit Helene.

Helene weiß. Die Tochter versteht.

In die Stille hinein wiederholt Helene ein ums andere Mal:
»Es ist so schön bei euch.«

Und die Tochter antwortet lautlos.

»Erinnerung«

Bemalte Seiden,
mehrschichtig,
Handstickerei

2013

Hab keinen Anker in der Zeit

Hab keinen Anker in der Zeit
Bin gestern – morgen
Zeitlos
Gleich

Hab keinen Anker in mir selbst
Bin wir und ihr
Allein und
Eins

Mit allen
Die mein Herz berührn
Mit allem was
Geschah und wird

Hab keinen Anker
Heut und hier